Peter von Zahn

VERLÄSST UNS AMERIKA?

Peter von Zahn

VERLÄSST UNS AMERIKA?

Ullstein

Satz: alfa datatype, Berlin
Druck und Verarbeitung: Ebner Ulm
Printed in Germany 1987
ISBN 3 550 07626 6

Inhalt

Probleme der transatlantischen Navigation

Mit dem Finger auf alten Atlanten spazierengehen! Dem Kinde des Binnenlandes haben es besonders die Seekarten des Barock angetan. Nicht nur wegen der bunten Windrosen und allegorischen Weibsfiguren. Es gruselte einen wohlig beim Anblick der Ungeheuer mit den zwei Köpfen und weil die Meerestiere so wild aussahen, welche das nasse Nichts zwischen den Kontinenten bevölkerten. Die alten Kartographen deuteten mit Wal und Sägefisch die Gefahren an, die dem Seemann beim Navigieren über den noch fast unerforschten Atlantik drohten. Ganz wie so mancher politische Kommentator heute verknüpften sie die neuesten wissenschaftlichen Erkenntnisse mit dem ältesten Seefahrerlatein.

Wir lächeln darüber. Dank Sextant und Funkpeilung, Bordcomputer und Trägheits-Navigation fühlen wir uns in unseren riesigen Flugschiffen sicher. Bis plötzlich in der Nacht über den Küsten von Sachalin 269 schlafende Flugpassagiere abgeschossen werden. Sie fallen einem paranoiden Aberglauben zum Opfer. Auch an manchen Küsten Nordafrikas ist es nicht mehr geheuer. Elemente der Science-fiction mischen sich mit Schreck-Phantomen vergangener Epochen. Da ist es gut, wenn wir einen klaren Blick behalten. Auch beim Anvisieren unseres Verbündeten jenseits des Atlantik. Stimmen unsere Seekarten noch?

Wenn Navigation ein Zurechtfinden zwischen mancherlei Fährnissen ist, dann haben Deutsche und Amerikaner neuerdings Navigationsprobleme. Sie haben Schwierigkeiten, sich am jeweils gegenüberliegenden Ufer des Atlantik zurechtzufinden. Um vom einfachsten Beispiel auszugehen: Was soll ein Bürger der Neuen Welt von der sprichwörtlichen Verläßlichkeit und dem Arbeitseifer der Deutschen denken, wenn er irgendwo auf einer Bundesstraße zwischen Bremerhaven und Cuxhaven die Dienste eines Automechanikers sucht, und es ist nach sechs Uhr abends oder gar sonntags? Muß er sich nicht in einem Land wähnen, das an ganz anderer Stelle Europas eingezeichnet ist? Der Mechaniker spricht griechisch, türkisch oder kroatisch. Sein Boß schließt die Bude Schlag sechs Uhr unwirsch ab. War eine Reparatur vonnöten, so hält sie nicht lange.

Der Amerikaner reist durch die Bundesrepublik in der Annahme, bei Freunden zu weilen. Demoskopische Umfragen haben ihm das bestätigt. Aber siehe da, sein Sohn in der US Air Force in Germany kann ihn nicht ins Offizierskasino einladen. Es ist gerade in die Luft geflogen. Die Kaserne ist von Friedensdemonstranten belagert. An den Mauern steht, wenn nichts Schlimmeres, so mindestens ein »Ami, go home!« Muß ihm dieses Land nicht vorkommen, als sei es von den Ungeheuern mit zwei Köpfen besiedelt, deren sich die Kartographen ehedem zur Bezeichnung einer noch unerforschten Küste bedienten?

Überraschende Navigationsprobleme gelten auch für den umgekehrten Fall. Nimmt man für bare Münze, was deutsche Wirtschaftspolitiker auf dem Wege zu einer Konferenz in Washington unken, so müßte sich vor der Ostküste der Vereinigten Staaten ein Menschen und Schiffe verschlingendes Ungeheuer aufhalten, ein Ungetüm, welches von Präsident Reagan eigens im Ozean ausgesetzt wurde, um die Weltwirtschaft durcheinanderzubringen. Der Hochzins-Krake! Oder ist es die Schlange namens Defizit?

Steigt der Deutsche dann ungeschoren an Land, so findet er eine amerikanische Wirtschaft, der der Hochzins-Krake oder die Defizit-Schlange mindestens ebensoviel Beschwerden verursachen wie den atlantischen Partnern. Offenbar sind diese Monster von Ronald Reagan doch nicht wie Polizeihunde auf den Handelspartner dressiert. Daß der amerikanische Wirtschaftsaufschwung seit 1982 trotz hoher Zinsen die Europäer begünstigt hat, wird von ihnen gern übersehen. Nachdem sie jahrelang über die Verteuerung ihrer Importe durch den hohen Dollarkurs gezetert haben, stöhnen sie nun über die Konkurrenzvorteile, welche die amerikanische Export-Industrie aus einer anhaltenden Dollarschwäche zieht.

Es muß dabei keine Bosheit im Spiele sein. Dennoch tauchen Mißverständnisse und Fehlurteile zwischen

Deutschen und Amerikanern neuerdings so reichlich auf wie die Seeschlangen und Riesenwale in den Phantasien der alten Kartographen. Eines der Ungeheuer würden jene Kartographen heute ohne Zweifel »Pershing Secundus Horribilis« nennen und einer Mittelstrecken-Rakete ähnlich darstellen. Im transatlantischen Dialog ist daraus ein Wesen von fast mythischer Bedeutung geworden. Ursprünglich wurde es von einem sozialdemokratischen Bundeskanzler als Schutzwaffe gegen erpresserische Absichten der Sowjetunion angefordert. Inzwischen aber hat es in den Augen vieler Deutscher, und besonders der Sozialdemokraten, wie ein Chamäleon eine andere Farbe angenommen und wird als tödliche Bedrohung derer gebrandmarkt, die damit eine Beeinträchtigung ihrer Freiheit vereiteln wollten.

Die Hilfsmittel der Navigation, also des Zueinanderfindens, müssen sehr präzise sein. In der Politik, zumal der Bündnispolitik, sind es die Worte, welche genau sein müssen, damit der Kurs gehalten werden kann. Während ihrer Reise über den Ozean nehmen Begriffe unversehens eine andere als ihre ursprünglich beabsichtigte Bedeutung an. Ein begrenzter Nuklearkrieg wird zu einem Atomkrieg auf Kosten Europas. Schutz Europas vor Erpressung durch russische Raketen verwandelt sich in atomare Erstschlags-Kapazität. Wir sollten unsere Zungen hüten. Während man auf der europäischen Seite des Atlantik bereits fragt, ob Détente in Amerika wirklich als Schimpfwort gebraucht wird, kommt in der Neuen Welt der Verdacht auf, daß bei der Peilung über den Ozean ein

Irrtum geschah und statt eines Bündnispartners ein finnlandisierter Neutraler anvisiert wurde. Schon sind in den Kolumnen amerikanischer Kommentatoren die Küsten des Mittelmeeres wie die der Nordsee mit unheimlichen Leuchtfeuern besetzt. Einige von ihnen sollen das Schiff der Allianz auf Riffe und Untiefen locken, damit das Wrack von den Eingeborenen um so leichter ausgeplündert werden kann.

Wie einst die Bürger der Neuen Welt vor der Verstrikkung in europäische Händel gewarnt wurden, so wird ihnen heute Vorsicht im Umgang mit den knieweichen, undankbaren »Euro-Winslern« nahegelegt. Die GIs sollen nach Haus kommen und die Festung Amerika fester machen, wenn ihnen von den Europäern die Benutzung ihrer Waffen gegen die Terroristen der afrikanischen Seeräuberküste untersagt wird.

Das fördert auf deutscher Seite drei Vorwürfe zutage, die sich gegenseitig ausschließen und deshalb häufig in einem Atem erhoben werden: Die Amerikaner wollen sich in die Festung Amerika zurückziehen. Sie wollen sich auf Kosten Europas mit den Sowjetrussen verständigen. Sie bereiten einen auf Europa begrenzten Atomkrieg gegen das Reich des Bösen vor.

Wie Meeresungeheuer auf vergilbten Atlanten schrekken solche Hirngespinste von unbefangener Navigation ab. Streitigkeiten wegen des Verkaufs von Getreide aus Kansas und Erdgasrohren aus Düsseldorf in die Sowjetunion erhöhen die Verwirrung. Während wir uns gegenseitig öffentlich den Stop technologisch hochwertiger

Ostexporte oder die Aufhebung von Sanktionen gegen Nicaragua nahelegen, reden wir hinter der vorgehaltenen Hand von Heuchelei und Hinterhalt. Solche Unterstellungen haben natürlich ihre Schicksale. Es gibt Standard-Beschuldigungen, die seit hundert Jahren immer wieder erhoben werden, und solche, die ihre volle Würze erst in jüngster Zeit entfalteten, nämlich seit der Austausch über den Atlantik reger wurde.

Seitdem der amerikanische Luzifer den Atompilz in die Welt gesetzt hat, fand ein mehrfacher Richtungswechsel der Anti-Atom-Bewegung statt. Die europäischen Ostermarschierer der fünfziger Jahre stützten sich auf die Warnsignale amerikanischer Wissenschaftler. Sie fanden Nachahmung im Amerika der sechziger Jahre. Ihre Forderungen verbanden sich dort mit der Graswurzelbewegung zum Schutz von Mutter Erde und mit der Praxis des gewaltlosen Widerstandes in der Prägung Martin Luther Kings. Im Gepäck von Aposteln aus Berkeley und Harvard, die bewandert waren in der Technik der Sit-ins und Demos, kehrte dieses explosive Gemisch in die Alte Welt zurück. Hier reicherte es sich mit Gedanken der Frankfurter Schule an und gedieh zu einer grünlich- oder rötlichgefärbten Friedensbewegung, welche dann in einer Abwandlung namens »Freeze« wieder amerikanischen Boden gewann. Niemand kann leugnen, daß der transatlantische Gedankenaustausch in der jüngeren Generation stellenweise recht lebhaft war.

Man vergleiche: Zu Beginn des Jahrhunderts hatten der Wandervogel und die Männerbünde Deutschlands keinerlei Ausstrahlung über die nationalen Grenzen, oder jedenfalls die Sprachgrenzen hinweg. Die Jugend im Amerika jener Zeit bereitete sich erst darauf vor, eine »lost generation« zu werden. Vor zwei Jahrzehnten dagegen ähnelten sich die jungen Jahrgänge auf beiden Seiten des Ozeans in ihrer Stimmung gegen unsere Zivilisation, als seien sie alle Brüder und Schwestern. Alle trugen jedenfalls Jeans und die Haare lang. Ob das Vertrauen zueinander stärker war als das Unbehagen an ihren Eltern, läßt sich nicht mehr feststellen. Denn man entfernt sich bereits wieder voneinander. Die amerikanische Jugend wendet sich wieder der Familie, der Religion, dem Patriotismus und dem Bankkonto zu.

Das Verhältnis der jungen Deutschen zu Amerika wird nicht mehr durch Marshall-Plan, Care-Pakete und Luftbrücke bestimmt, sondern durch Vietnam, Watergate, Reagan und Nicaragua. Junge Amerikaner dagegen werden wie ihre Eltern am Bildschirm nächtens mit Antinazifilmen der Kriegszeit gefüttert. Im Gegensatz zu ihren Eltern machen sie ihre Bekanntschaft mit einer faszinierend morbiden Bundesrepublik durch Fassbinders Gesammelte Filme. Alles kein Anlaß, einander gern zu haben, geschweige denn zu verstehen.

Damit sind wir unversehens aus einem Wellenbereich in einen anderen geglitten: Aus den Brandungsriffen, die eine kluge Navigation auf Grund ihrer Kenntnis der Seekarten meiden sollte, in den Wellenschlag der elektronischen Medien. Auch hier, und zumal hier, lauern Ungeheuer. Sie steigen serienweise bei uns an Land und kommen aus Denver oder Dallas. Wir haben ihnen außer der Schwarzwaldklinik nicht viel entgegenzusetzen. Die öffentlich-rechtlichen deutschen Programmdirektoren füllen die Nachmittage und Abende des Fernsehzuschauers bis zum Rand mit amerikanischen Serien, Spielfilmen und Magazinbeiträgen. Sie versichern jedem, der es hören will, daß die Produkte des kommerziellen amerikanischen Fernsehens schrecklich schlecht, aber in Ansehung der privat finanzierten Fernsehkonkurrenz unentbehrlich sind.

Der Eindruck, den der Durchschnittsdeutsche dadurch von Amerika gewinnt, ist in seiner Wirklichkeitsnähe vergleichbar dem alter Seekarten, die mit fliegenden Fischen und abkochenden Kannibalen geziert sind. Aber man tröste sich. Der schnarrende, die Hacken zusammenschlagende Deutsche, der zur Stereotype in amerikanischen TV-Reruns geworden ist, entspricht auch nicht der Wirklichkeit. Demoskopische Umfragen wollen uns weismachen, daß zwei Drittel der Amerikaner in ihrem Deutschlandbild sehr wohl zwischen Fiktion und Wirklichkeit unterscheiden können. Das sei dahingestellt. Auf der geistigen Landkarte des amerikanischen Bürgers steht jedenfalls hinter den deutschen Küsten geschrieben: »Terra Incognita«. Darin ist erkennbar allenfalls die Insel Berlin, das KZ Dachau, der Friedhof Bitburg. Die aktuelle Fernsehberichterstattung über Deutschland bringt in amerikanische Haushalte eben nur Stories vom Typ Nazi-Goldschatz oder Nachrichten, wenn ein Konflikt mit antiamerikanischen Untertönen zu vermelden ist.

Umgekehrt ist die politische Berichterstattung der deutschen Fernsehanstalten aus Washington und New York viel dichter und differenzierter. Fraglos ist sie das: Die Terra Incognita beginnt erst in New Jersey. Sie bedeckt aber geographisch den ganzen Mittleren Westen, psychologisch ganz Amerika mit Ausnahme von Hollywood. Der tägliche Blick aufs Weiße Haus, den ARD und ZDF vermitteln, läßt Geschehnisse in der Hauptstadt zu ganz unsinniger Bedeutung anschwellen, gibt aber den Korrespondenten reichlich Gelegenheit, etwa angestaute Anti-Reagan-Affekte loszuwerden. Die Gefühlsdefizite und Entfremdungssymptome der jüngeren deutschen Generation vis-à-vis Amerika kann das nur stärken.

Von Sachkennern wird den Deutschen wieder Mangel an politischem Realismus und neuromantische Verstiegenheit zugeschrieben. Bald fehlt nur noch das potente Feindbild. Die feindselige Interpretation der USA, die vom überwiegenden Teil der deutschen Medien verbreitet wird, ist heute bereits mächtiger als die Wirklichkeit. Wenn in der Gegenrichtung den jungen Amerikanern ein Bild der deutschen Wirklichkeit über die Ätherwellen gar nicht erst vermittelt wird, so kann das Ergebnis nicht besser sein – außer in dem Sinne, daß Desinteresse wenigstens keine Feindbilder erzeugt.

Wir alle wissen, daß sich unter dem Gekräusel der täglich veröffentlichten Meinung anderes bewegt: langsame, aber mächtige Strömungen von Sympathie, Tradition und gemeinsamer Träume. Träume! Mit welchem anderen Volk könnte sie der Deutsche überhaupt teilen, wenn nicht mit den Amerikanern? Seit vor dreihundert Jahren die ersten deutschen Einwanderer die Neue Welt betraten, werden die Gemeinsamkeiten an Festtagen mit vielen Worten und Gesten beschworen. Im Alltag werden sie hart auf die Probe gestellt. Wie in der Seefahrt, wie in der elektronischen Kommunikation und beim Flug in wimmelnde Sternenmeere kommt es auch in Völkerbündnissen auf genaue Karten und sichere Peilmethoden an, wenn man zu rechter Zeit gut beieinander sein will. Faßt man sie scharf ins Auge, verflüchtigen sich vielleicht die Phantome der Tiefe. Wer sich keine Monster vorgaukeln lassen will, achte auf den Delphin, der auf alten Seekarten sein Spiel treibt. Er gilt als menschenfreundlich und hat der Sage nach schon manchen Ertrinkenden ans Ufer getragen.

Die Vereinigten Staaten von Amerika und die Bundesrepublik sind sich gegenseitig wichtige Bundesgenossen geworden. Wenn sie ihr Verhältnis und seine Vorteile genau ins Auge fassen und widrige Strömungen präzise kartographieren, sind die Probleme der transatlantischen Navigation lösbar. Hat nicht zwischen Amerikanern und den Deutschen der Bundesrepublik eine historisch fast beispiellose Versöhnung ehemaliger Feinde stattgefunden? Und haben dabei die Deutschen nicht umgelernt? Sie haben. Sie wurden bescheidener und schätzten ihre Tüchtigkeit realistischer ein. Der Anpassungsprozeß ist jedoch nach vierzig Jahren zum Stillstand gekommen. Genug des Reisens im Kielwasser einer Supergroßmacht.

Man möchte nicht mehr nur die zweite Geige spielen. Vielen Deutschen, besonders auf der linken Seite des politischen Spektrums, schwebt ein neuer Solopart vor im Konzert der Mächte. Sie haben ihn noch nicht gelernt, aber sie wollen ihn schon fiedeln – und dazu, glauben sie, müßten sie sich mit möglichst rüder Geste von der Stimmführung der Amerikaner lösen.

Wenn solche Kräfte die Oberhand bei uns gewinnen, wird das unverhofft gut gelungene Zwischenspiel »Bundesrepublik« schnell beendet sein. Doch bedarf es zum Unglück gar keiner dramatischen Lossagung. Es genügt, daß wir die Entwicklungen, die sich in Amerika anbahnen, falsch einschätzen und eines Tages merken, daß wir dort, so wie wir sind, nicht mehr gefragt sind. Kann es sein, daß uns Amerika verläßt, wenn auf uns kein Verlaß mehr ist?

Wir sind heute nicht imstande, eine Antwort auf diese Frage zu geben. Aber wir können wenigstens die Entwicklungen notieren, die sich hinter der atlantischen Küste Amerikas abspielen.

Mit oder ohne Amerika?

Ich landete in Washington zwei Tage nach dem amerikanischen Luftangriff auf Tripolis und Bengasi. In London wurde unser Jumbo eine Stunde festgehalten: Ein herrenloses Gepäckstück im Frachtraum. Man mochte das um so weniger, als zur selben Stunde nahe der Stelle, wo wir gerade kontrolliert worden waren, eine irische Passagierin der El Al festgenommen wurde. Ihr arabischer Freund hatte ihr als Gruß nach Tel Aviv eine geschärfte Bombe in die Tragetasche geschmuggelt.

Davon und von dem Mord an einem Briten in Beirut als »Rache für Libyen« erfuhren wir erst nach der Landung in Washington. Ich war einige Jahre nicht mehr dort gewesen. Bereits vor dem gelben Strich an der Paßkontrolle bemächtigte sich ein Beamter in Zivil meiner Papiere und verschwand damit. Er kam mit einer Entschuldigung in flüssigem Deutsch zurück. Von der gewohnten Lässigkeit auf Dulles Airport stachen diese Doppelkontrolle und die deutschen Sprachkenntnisse merklich ab.

Das war übrigens das einzige Zeichen amtlicher Nervosität, das mir auf einer Reise kreuz und quer durch die

USA begegnen sollte. Hat man einmal die Zollkontrolle hinter sich, fühlt man sich so wenig beobachtet (oder beachtet) wie einst, als ich unweit des heutigen Dulles Airport ansässig war. Dort war es damals noch recht ländlich. Nur die Bürgerkrieg-Fans kannten die Gegend als Schauplatz einer der mörderischen Schlachten, die um den Besitz der amerikanischen Hauptstadt zwischen Nord und Süd ausgefochten wurden.

Das helle Zelt des Flughafengebäudes mit der japanischen Laterne drauf hatte jahrzehntelang mehr Weidevieh als Flugzeuge gesehen. Das hat sich geändert. Ringsum im diesigen Nachmittagslicht Virginias: vielstöckige Bürogebäude, Lager- und Fabrikhallen, Appartment-Häuser. Über ein verwirrendes Geflecht von Autobahnen und inmitten brandenden Verkehrs legt man die fünfzig Kilometer bis zur eigentlichen Stadt wie in einem Traum zurück. War das nicht die Kreuzung, an der mir vor dreißig Jahren ein Stück Land für sechstausend Dollar angeboten wurde? Jetzt steht da zwischen enormen Einkaufszentren und Parkplätzen das gläserne Hauptquartier einer Firma der Hochtechnologie. Das Grundstück würde heute... nun, ich habe mich erkundigt und verrate nicht, wieviel Millionen ich daran verdient hätte, hätte ich damals sechstausend Dollar übrig gehabt. Ringsum sitzen an die achthundert neue Firmen der Hochtechnologie. Sie leben von den Geldern, die der Kongreß nach der jährlichen Budget-Schlacht für Forschung und Entwicklung, besonders aber für das Pentagon bewilligt.

Im Hotel die ersten Abendnachrichten, Nachtaufnahmen mit Infrarot-Gerät vom Anflug und Bombenabwurf auf libysche Kasernen und Gaddafis Hauptquartier. Direktbericht eines ABC-Reporters über die Schäden in Tripolis. Bemerkenswert, wie amerikanische Korrespondenten auch aus dem Lager des Gegners noch Berichte absetzen können. Bilder von zerfetzten Autos und Menschen in Beirut, tobende Demonstranten im Sudan, und da ist die wohlbekannte Abflughalle in London, wo die Bombe in der Tragetasche gefunden wurde.

Zur Erinnerung gleich danach Archivaufnahmen vom Debakel in der Schweinebucht vor 25 Jahren, mit einer Äußerung von Dean Rusk, dem damaligen Außenminister. Sein Gesicht ist um genausoviel Jahre älter geworden wie meines, aber darüber nachzudenken bleibt keine Zeit: Man sitzt unter einem Hagel, unter einem Geprassel von Nachrichten, geordnet für Auge und Ohr nur durch die unerschütterliche Ruhe des Moderators. Kaum eine Mitteilung, die aus mehr als vier Sätzen besteht, Szenenwechsel alle fünf Sekunden, tollkühne Schnitte, unterlegte Schrift ersetzt umständliche Ansagen. Alles in allem ein massiver Ansturm auf die Konzentrationsfähigkeit des Zuschauers.

Ich rechnete mir während einer Werbe-Unterbrechung aus, daß hier dank der technischen Brillanz etwa doppelt soviel Informationen an den Mann gebracht wurden wie in einer gleich langen deutschen Tagesschau. Ob es richtig und wichtig ist, Informationen so dichtgedrängt zu vermitteln? Es hängt davon ab, ob man dem Publikum eine Betrachtung aus mehreren Blickwinkeln ermöglichen will oder nicht. Diese Nachrichtensendung ähnelte einem Rundhorizont.

Man glaubte, die eigenen widersprüchlichen Empfindungen nachvollzogen zu sehen. Amerikaner, die mit großer Mehrheit dem Schlag ihres Präsidenten gegen Libyen zustimmten, standen Europäern gegenüber, die die Aktion mit etwa der gleichen Mehrheit ablehnten. Wenn von Europäern gesprochen wurde, waren die NATO-Verbündeten gemeint – minus Großbritannien, dessen Bevölkerung sich im Gegensatz zur eigenen Regierung ablehnend verhielt, und einschließlich der Franzosen, die trotz des Treffers auf die französische Botschaft in Tripolis Reagans Handlungsweise billigten, nachdem ihre Regierung sie zu unterbinden versucht hatte. Von den Deutschen war kaum die Rede.

Ein Tag später: Der ehemalige Sicherheitsberater des Präsidenten wird mit den Worten zitiert: »Die Europäer sind eine Mischung aus Geldgier und Feigheit.« Der Mittelost-Unterhändler von Präsident Carter verteidigt die Tripolis-Aktion, fordert aber nunmehr die engste Zusammenarbeit mit den NATO-Alliierten. Verteidigungsminister Weinberger hatte auf einer Karte den Umweg gezeigt, den die amerikanischen F 111 dank des französischen Vetos fliegen mußten. Forsche Kolumnisten sahen in dieser Linie eine bittere Lehre für die Amerikaner und ein Menetekel für die Europäer. Besser die Truppen nach Haus holen als ihren Einsatz dem Veto eines launischen Schützlings zu unterwerfen.

Henry Kissinger stößt einige Tage später ins gleiche Horn, doch da ist die Hauptaufregung bereits vorüber und die Aufwallung unter einer Lawine anderer, bestürzenderer Nachrichten verschüttet: Wie in Tschernobyl der Atomreaktor aus dem Ruder läuft und die Russen es zu verheimlichen versuchen, da ist alles andere, einschließlich des gerade stattfindenden Tokioter Wirtschaftsgipfels, nur noch von drittklassigem Nachrichtenwert. Bereits nach der libyschen Aktion waren zahllose Urlaubsreisen der Amerikaner nach Europa und besonders ans Mittelmeer abgesagt worden. Angesichts der Hysterie in Europa nach Tschernobyl verstärken sich die Stornierungen. Die Vermieter der feinen Häuser auf Long Island erhöhen die Preise.

Am Abend der Ankunft in Washington sagt eine amerikanische Kollegin am Telefon, sie müsse zu einer Schul-Veranstaltung, welche junge Amerikaner mit Zöglingen der deutschen Schule in Washington zusammenbringen solle: Letztere würden in ihrem Ghetto-Dasein eine deutliche Animosität gegen Amerika entwickeln. Die bösartig besorgten Kommentare deutscher Politiker zur Libyen-Aktion klangen mir noch in den Ohren. Es war mir aber neu, daß der deutsche Antiamerikanismus bereits die Diplomatenkinder erfaßt hat. Ich nahm es zum Anlaß, die Neue Welt mit der Frage zu prüfen, ob wir vielleicht schon am Scheideweg stehen.

Wer am Scheideweg steht, sollte wissen, von wem er sich trennt. Wissen wir das? Die Kenntnis der Völker übereinander ist selten auf dem neuesten Stand. Sie hinkt gewöhnlich um einige Jahre hinter der Entwicklung her. Die meisten Deutschen sind überzeugt, die Amerikaner in- und auswendig zu kennen. Dagegen gibt der Mann auf der Straße in den USA unumwunden zu, nicht viel von den Deutschen zu wissen. Hier ein angemaßter Informations-Vorsprung – dort die freimütig eingestandene Ignoranz. Auf beiden Seiten strengt man sich nicht sehr an, die Fehlerquellen in der gegenseitigen Einschätzung zu beheben. Ist es nicht vierzig Jahre lang gutgegangen?

Unter der Hand haben sich die Verhältnisse gewandelt. Die Deutschen der Bundesrepublik sind sich plötzlich ihrer militärischen Kraft und wirtschaftlichen Macht bewußt geworden und halten sich bei passenden Gelegenheiten für das stärkste Element der NATO auf dem Kontinent. Die anderen europäischen Mitglieder der NATO scharen sich um die Bundesrepublik wie die zahmen um einen wilden Elefanten. Insgesamt scheinen deshalb die Europäer – aus dem amerikanischen Blickwinkel gesehen – enger zusammengerückt zu sein. Sie haben im Bündnis mehr Gewicht, als den amerikanischen Befürwortern unilateraler Maßnahmen lieb ist; andererseits ist der europäische Zusammenhalt doch nicht groß genug, um in den Kernfragen des globalen Gleichgewichts, also in den Rüstungsgesprächen zwischen den USA und der Sowjetunion, entscheidend zur Geltung gebracht werden zu können.

Die Regierung der Bundesrepublik glaubte sich bis zum Spätsommer 1986 vor amerikanischen Kehrtwendungen ziemlich sicher. Das wohlverstandene Eigeninteresse der USA bewahre die Amerikaner vor dem groben Fehler, ihre Position in Europa durch eine auch nur angedeutete Verminderung ihrer Präsenz zu schwächen. Ob die Amerikaner ihr Eigeninteresse so sehen wie die Deutschen? Und ob ihnen auf die Dauer ihr Eigeninteresse die Opferung ihres Selbstbewußtseins wert ist? Sie sind nicht gern ungebetene Gäste in der Pfalz. Es stimmt sie nachdenklich, daß ihre Kasernen befestigten Lagern gleichen müssen. Sie lesen in der Zeitung, daß die Führung der SPD mit der staatsbeherrschenden SED in der DDR militärische Absprachen trifft, die auf Schwächung der amerikanischen Präsenz oder Schlagkraft in Europa hinauslaufen. Während die amerikanischen Warnungen vor solcher Aushöhlung des Grundverständnisses der NATO ungehört verhallen, muß sich das Weiße Haus von der gleichen deutschen Opposition sagen lassen, es ignoriere die Forderung der Bundesgenossen nach Konsultation, Beachtung des ABM-Abkommens und Einhaltung des abgelaufenen Salt-II-Vertrags.

Amerikaner, die schon einige Dutzend NATO-Krisen mitgemacht haben, erinnern heute daran, daß die NATO nicht nur notwendig war, um Europa vor der bewaffneten Expansion der Sowjetunion zu bewahren. Sie entstand auch als diskreter Rahmen, in dem die europäischen Völker vor zuviel Energie und vor Alleingängen der Deutschen sicher sein können. Amerika übernahm nicht nur den Schutz Berlins gegenüber der Sowjetunion, sondern auch die Rolle der Garantiemacht für die Franzosen und die kleineren Mächte in Europa angesichts der wachsenden Stärke der Bundesrepublik. Diese verschiedenen Rollen stellen eine Zwickmühle dar und sind eine Probe für das Fingerspitzengefühl aller Mitglieder des Bündnisses. Seitdem die Deutschen durch das De-facto-Ausscheiden Frankreichs aus der operativen NATO zum stärksten der Bundesgenossen auf dem europäischen Kontinent aufgerückt sind – wirtschaftlich schon längst, seit einiger Zeit auch militärisch –, sind die Fingerspitzen der Bundesdeutschen besonders in Anspruch genommen. Das Vertrauen der Europäer in die amerikanische Führung einte die Allianz während ihrer ersten zwanzig Lebensjahre. Seit dem Vietnamkrieg – infolge der schwächlichen Außenpolitik Carters und der zu robusten von Ronald Reagan – ist dieses Vertrauen fadenscheinig geworden.

Die SPD hat auf ihrem Nürnberger Parteitag den verbalen Guerillakrieg gegen die USA verstärkt und verkündet, sie wolle sich nicht mehr auf die unberechenbare Vormacht verlassen. Gemäß ihrem Programm wird sie sich von den USA distanzieren, ein deutsches Vetorecht über amerikanische Waffen in Europa sichern und die NATO auf ihren europäischen Kern, aber ohne Kernkraft, reduzieren. Aber ob sich die Sowjetunion dann mit einer Garantie der deutschen Finnlandisierung begnügt? Nach Ansicht der sozialdemokratischen Opposition muß man vor Reagan mehr Angst haben als vor Gorbatschow. Viele europäische Regierungen, vornweg die Franzosen, haben aber vor Brandt, Bahr und den Grünen mehr Angst als vor Gorbatschow – jedenfalls für den Fall, daß die amerikanische Garantie verschwände. Die nächtliche Aktion gegen Gaddafi, auch wenn sie außerhalb des geographischen NATO-Vertragsbereiches erfolgte, bringt eine Reihe von Rissen und Zerrungen in der Allianz schmerzhaft zu Bewußtsein.

Solange die amerikanischen Flugzeugträger von Norfolk aus den Nordatlantik und das Mittelmeer kontrollieren, lassen sich die Risse verkleistern. Aber ein altes Bündnis ist eben doch sehr viel komplizierter als die Führung eines modernen Flugzeugträgers; und wie alt darf ein Bündnis werden, bevor es wie ein Träger von Grund auf modernisiert werden muß – vierzig oder fünfzig Jahre?

Botschafter Gerald Helman, im siebenten Stock des Außenamts in Washington, gab sich philosophisch: »Der Krach wegen Libyen? Pah, das ist doch nicht mehr als einer der vielen grünen Punkte auf dem Radarschirm. Schnell verflogen und verblaßt.«

Helmut Sonnenfeldt, der im siebenten Stock unter Kissinger gearbeitet hat und sich jetzt in einem liberalen Think Tank mit dem Nachdenken darüber beschäftigt, was in der Außenpolitik für Fehler vermieden werden sollten, gibt der NATO gute Überlebenschancen: »Dieses Bündnis ist ein Wunder, wie es noch keins in Friedenszeiten gegeben hat. Wer hätte geglaubt, daß es überhaupt so lange hält? Fast vierzig Jahre! Man muß nur nicht allzu perfekt sein wollen. Systematisieren kann man die Bündnispolitik nicht. Es ist unnütz, nach einer Formel zu suchen, die auf alles paßt. Jeder Fall ist anders.

Mindestens wird durch Libyen bewiesen, daß die NATO elastisch genug ist, schwerwiegende Meinungsunterschiede auszuhalten.«

Im Think Tank der Neokonservativen ist Dr. Burton Pines für kurzen Prozeß: »Größere Anstrengungen im Stillen Ozean, dafür in Europa nur noch 25000 Lagerverwalter in amerikanischer Uniform. Die NATO kann als Feigenblatt bleiben, aber zweiseitige Militärabkommen mit Spanien und England sind wichtiger. Berlin wird nicht durch die NATO verteidigt, sondern durch die Drohung mit Interkontinentalraketen. Ein sowjetischer Marine-Stützpunkt in Tripolis ist nicht schlimmer, als es der von Alexandria einst war. Israel und die Golfstaaten haben von der NATO sowieso nichts zu erwarten. Kurzum, das Bündnis ist überholt. Es hat in Nicaragua die antiamerikanische Agitation der europäischen Parteien mit dem ›Christlich‹ im Briefkopf nicht verhindert. Es versagt sich dem Kampf gegen den Terrorismus. Seine Mitglieder stimmen in der UN gegen die Vereinigten Staaten. Was Wunder, daß der amerikanische Steuerzahler nicht mehr für den kostspieligen Verbleib der GIs in Europa zu mobilisieren ist!«

Das Büro von Dr. Pines liegt einen Steinwurf vom Capitol entfernt. Im Hinunterfahren fiel mir auf, wie extrem langsam der Fahrstuhl abwärts schwebte. Ich verließ ihn mit dem Gefühl, ein Gespräch von anno dunnemals geführt zu haben. Mein Gefühl trog. Es waren nur noch sechs Monate bis zu dem futuristisch-utopischen Treffen Reagan/Gorbatschow in Reykjavik. Ich pries meine

Selbstverleugnung. Sie hatte es mir untersagt, meinen Gesprächspartner darauf aufmerksam zu machen, daß die Amerikaner in Europa auch ihren eigenen Interessen dienen. Diese Art von Belehrungsversuch scheint immer der Kardinalfehler von Helmut Schmidt gewesen zu sein.

Das Rückgrat der NATO

Von oben sehen sie aus wie Spargelpakete in Soße zwischen grünem Gemüse. Aber es sind Kriegsschiffe im James River, eingemottet für künftige Notfälle. Die grünen Weiden Virginias machen belebten Wasserflächen Platz, die sich zwischen Landzungen und Hafeneinfahrten verästeln. Brücken, Kräne, Werften, Lagerhallen. Plötzlich unter uns die Riesendecks von ein, zwei, drei, vier Flugzeugträgern an ihren Piers. Wir setzen zur Landung an in Norfolk, dem Hauptquartier der US Navy.

Dies ist geschichtsgetränkter Boden. Ein paar Meilen flußaufwärts wurde 1607 die erste englische Siedlung auf dem fremden, hoffnungsvollen Kontinent gegründet. Gegenüber, am Ausgang des York River, endete hundertachtzig Jahre später mit der Kapitulation der britischen Armee der Kampf um die Unabhängigkeit von der Kolonialmacht. Den französischen Alliierten der Amerikaner ist das glückliche Gelingen der folgenreichsten transatlantischen See- und Landoperation zu danken; aber ein bißchen Verdienst am Ausgang dieses Krieges durfte sich auch der deutsche General von Steuben zuschreiben. Er hatte Washingtons Truppen ausgebildet. Außerdem hatte er während der Belagerung von Yorktown in seinem Quartier einen ganzen Batzen Schulden hinterlassen. Bundespräsident Heuss hat sie, wie ich bezeugen kann, während eines Staatsbesuchs in Williamsburg beglichen.

Unter uns, in der Meerenge von Hampton Roads, spielte sich fünfundsiebzig Jahre später die erste Auseinandersetzung zwischen zwei noch unerprobten Technologien ab: Unterseeboot gegen gepanzertes Schlachtschiff. Monitor gegen Merrimac. Das war zu Beginn des amerikanischen Bürgerkriegs, am 8. März 1862 zwischen 8.00 und 12.30 Uhr. Als sich die Schiffe nach heftigem Schußwechsel kaum noch seetüchtig voneinander trennten, feierten beide Seiten den Sieg. Tatsächlich ging das Gefecht unentschieden aus. Entschieden ist die Sache zwischen Unterseeboot und gepanzertem Überwasserschiff im Seekrieg auch heute noch nicht. Die Addition des Flugzeugträgers in dieser Gleichung hat die Dinge natürlich kompliziert.

Der Flugzeugträger ist das Rückgrat der US Navy, der NATO, der amerikanischen Fernwirkung. Ein Heer braucht Straßen, eine Luftwaffe Flugplätze. Der Träger hat sieben Zehntel der Erdoberfläche als Straße und bringt den Flugplatz gleich mit. Er ist eine Kampfmaschine sondergleichen. Er ist die mobile Sicherheitspolitik in Höchstform. Zwei Träger, wären sie in der Nordsee und der Biskaya stationiert, könnten den Luftraum ganz Europas zwischen Rom und Kopenhagen unter Kontrolle halten und ihre Zerstörungsware bis in die Sowjetunion hinein an den Mann bringen.

Es gibt eine Denkschule, derzufolge der heutige Flugzeugträger mit seinen 90000 Tonnen ein viel zu großes Ziel und eine viel zu leichte Beute für sowjetische Angriffs-U-Boote und Raketen darstellt. »Aber«, sagt der überraschend junge Kapitänleutnant im Hauptquartier, »ohne eine bestimmte Mindestgröße kann man die Erkennungsmittel und Abwehrwaffen nicht unterbringen, die uns die U-Boote und Raketen vom Leibe halten. Möchten Sie ein russischer U-Boot-Kapitän sein? Ich nicht.«

Er blickt sinnend auf seine blitzblank polierten schwarzen Schuhe, während ich ein wenig theoretisiere. Man wird ja im Ernstfall Träger mit ihren Begleitschiffen kaum in den engen Seegebieten vor den europäischen Küsten, zum Beispiel in der Nordsee, manövrieren lassen.

»Oh, sagen Sie das nicht. Wir werden im Falle eines Falles mit drei, vielleicht vier Trägergruppen vor Norwegen stehen und den Zugang zum Atlantik sperren. Unter anderem.«

Das ist dem Vernehmen nach die gültige Doktrin. Jedem lauten sowjetischen U-Boot, das von der Halbinsel Kola ausläuft, ist ein leises amerikanisches auf den Fersen. Die dreihundertsechzig Flugzeuge der Träger und die an Land geworfenen Marines beschäftigen sich mit den sowjetischen Streitkräften, die nach Nordnorwegen vorgedrungen sein mögen. Die vierzig Kreuzer, Fregatten und Zerstörer im Gefolge der vier Träger verkorken die Flasche von Murmansk und lassen sowjetische Überwasser-Kampfschiffe nicht aus den arktischen Gewässern heraus.

»Vier Trägergruppen also im Nordatlantik. Wozu brauchen Sie die anderen neun?«

»Die anderen elf«, korrigiert mich der junge Offizier. »Insgesamt brauchen wir mindestens fünfzehn. Sie sehen ja, vier von den sieben der atlantischen Flotte liegen zur Zeit hier in Norfolk. Einer zur Auffrischung nach dem Einsatz vor Libyen, einer zur Reparatur, einer zum Training mit neuen Flugzeugen und Marines, einer zur Modernisierung – Sie müssen berücksichtigen, daß ein paar unserer Träger noch Dienst im Zweiten Weltkrieg getan haben. Wie alt darf ein Träger sein, wenn er technisch noch mithalten will – vierzig Jahre, fünfzig? Kurzum, wir brauchen fünfzehn davon, und es sieht so aus, als ob wir sie bald hätten.«

Er sagt es mit einem Ton stiller Befriedigung. Die siebziger Jahre sind vorbei, als Schiffe der amerikanischen Kriegsmarine nicht auslaufen konnten, weil Ersatzteile, Munition und fachmännisch ausgebildete Seeleute fehlten. Onkel Sam, sprich Ronald Reagan, und der Kongreß haben durch den draufgängerischen Marineminister John Lehman der Navy alles zukommen lassen, was sie sich nur wünscht. Da ist in wenigen Jahren wieder eine Streitmacht von sechshundert Schiffen entstanden – als einzige der drei Teilstreitkräfte in der Lage, einen bewaffneten Konflikt, gleich wo er ausbricht, ganz allein auszufechten. Denn unter dem Befehl von Lehman stehen nicht nur die Träger mit ihren Jagd- und Bombengeschwadern, nicht nur die lautlosen U-Kreuzer mit je 24 atomaren Fernraketen, nicht nur die Marines – eine mit den neuesten Waffen ausgerüstete Eingreiftruppe von 150000 Mann –, sondern auch noch vier Schlachtschiff-Gruppen, die zwar nicht das Rückgrat, aber vielleicht die Seele der US Navy sind.

Einige Tage nach meinem Besuch in Norfolk sah ich an der pazifischen Küste des Kontinents, wie unter der Golden Gate Bridge ein majestätisches Wesen in die Bucht von San Francisco einlief. Die Ufer waren gesäumt mit winkenden Zuschauern. Feuerwehrboote sprühten wie Walfische ihre Wasserfontänen in die Luft, und Hubschrauber kreisten um die Deckaufbauten. »Big Mo«, das Schlachtschiff, auf dessen Deck am 6. September 1945 General MacArthur die japanische Kapitulationsurkunde unterzeichnen ließ, die »Missouri« also, sollte nach zwanzig Jahren der Untätigkeit wieder in Dienst gestellt werden. Die Bürgermeisterin von San Francisco war an Bord; die Grünen der schönen Stadt unterließen aus Respekt vor den Gefühlen der Bevölkerung ihre geplanten Proteste; es gab eine farbenprächtige Zeremonie mit sechstausend Gästen. Weit über tausend ehemalige Seeleute, die auf der »Missouri« gedient hatten, bombardierten die Marinebehörden mit Bitten um Wiedereinstellung.

Der Dienst unter den gigantischen Geschützen dieser Schlachtschiffe gilt im Zeitalter der atomaren Fernraketen immer noch als der beste in der vornehmsten Waffengattung. Die Navy ist das Lieblingskind des amerikanischen Volkes. Zu keiner Waffe drängen sich Freiwillige mit solchem Nachdruck. Für keinen anderen Teil des staatlichen Apparats wird das Geld so verschwenderisch ausgegeben. Die Modernisierung der »Missouri« kostete rund 600 Millionen Dollar. Zweifel an der Brauchbarkeit dieses Schiffstyps in heutiger Zeit lassen bei ihren Fans die Zornesadern anschwellen. Eine genaue Kosten-Nutzen-Rechnung wird sich nicht aufstellen lassen. Die »Missouri« ist eine schwimmende Drohgebärde. Ihr Erscheinen hilft der eigenen Moral auf. Mit ihren drei Schwesterschiffen gehört sie zu der schnell beweglichen Streitmacht aus Stahl und Elektronik, die kleine Brandherde an exotischen Küsten löschen und dadurch Weltbrände unwahrscheinlich machen soll.

600 Millionen für die »Missouri« sind ein Klacks, gemessen an den 5000 Millionen, die ein neuer Flugzeugträger mitsamt seinen Begleitfahrzeugen kostet. Die schlagen im Verteidigungsbudget der USA mächtig zu Buch. Wo kann man einsparen angesichts eines horrenden Defizits im Staatshaushalt, das die beiden neuen Träger in Frage stellt? Die Augen der Admirale richten sich auf die Divisionen, die in der Bundesrepublik stehen. Könnte es nicht vielleicht eine weniger sein? Die Verstärkung der pazifischen Flotte um einen Träger angesichts des raschen Aufbaus der sowjetischen Seestreitkräfte im Fernen Osten wird als unaufschiebbar hingestellt.

Admirale denken seit dem berühmten Buch von Alfred Thayer Mahan »The influence of sea power upon history« besonders gern in den geopolitischen Kategorien von Stützpunkt, Feuerkraft und Nachschublinie. Das gilt für sowjetische wie für amerikanische Seeleute. Legt man ihre Maßstäbe an die strategischen Positionen im Stillen Ozean an, so müssen die Amerikaner nachdenklich werden. Zwischen 1941 und 1945 haben sie zwar den damals einzigen ernst zu nehmenden Widersacher im Pazifik, Japan, durch spektakuläre Seesiege ihrer Flugzeugträger ausgeschaltet und Rache für Pearl Harbour genommen. Seitdem aber ist ihnen in der fernöstlichen Kriegs- und Handelsmarine der Sowjetunion ein neuer Gegner entstanden. Innerhalb von zwanzig Jahren hat er eine Marine des Küstenschutzes zu einer Seemacht mit ozeanweiten offensiven Möglichkeiten ausgebaut.

Die Flotte, die von Wladiwostok aus kommandiert wird, ist die größte der vier sowjetischen Kriegsflotten. Sie umfaßt neunzig Kreuzer und Zerstörer sowie zwei Flugzeugträger der Kiew-Klasse. Sie ist Erbin der US-Stützpunkte in Vietnam. Als die amerikanische Flotte dort im Jahre 1975 abzog, gab es in Cam Ranh zwei Piers. Jetzt sind dort sechs auszumachen. An jedem gewöhnlichen Sommertag des Jahres 1986 lagen an diesen Piers 25 Überwasser-Kampfschiffe und fünf U-Boote. Auf dem dazugehörigen Flugplatz standen sechzehn Bombenflugzeuge mittlerer Reichweite, vierzehn MIG-23-Jagdflugzeuge und acht Flugzeuge der strategischen Aufklärung. All das war vor sieben Jahren noch nicht vorhanden.

Es ist natürlich nur ein Zufall, aber doch bezeichnend, daß sich die sowjetischen Stützpunkte in Vietnam ungefähr dort befinden, wo die Riesenflotte des Zaren zu Anfang des Jahrhunderts auf ihrer Fahrt um die Welt zum Entsatz von Port Arthur eine letzte Verschnauf- und Kohlenpause einlegte. Von dort ging es schnurstracks auf die Mündungen der japanischen Kanonen zu und in den Untergang von Tshushima.

Eine japanische Flotte, die sich mit der russischen messen könnte, existiert heute nicht. Die amerikanischen Verbände sollen nicht nur vor den Küsten Alaskas, Koreas und Vietnams präsent sein, sondern auch im Indischen Ozean. Die Divisionen der 7. Armee aber stehen wie festgenagelt an der innerdeutschen und der böhmischen Grenze, wo seit vierzig Jahren nichts passiert und aller Voraussicht nach nichts passieren wird, sofern nur die europäischen Alliierten sich am Riemen reißen und mehr Geld für die eigene Verteidigung aufbringen.

Es kommt noch hinzu, sagen die amerikanischen Politiker und Zeitungskommentatoren, daß die Europäer die Vereinigten Staaten daran hindern, ihre Waffen und Mannschaften aus den europäischen Standorten und Nachschublagern an Brennpunkte im Mittelmeer zu werfen. Siehe den Jom-Kippur-Krieg 1973, als die Bundesrepublik den Amerikanern untersagte, ihre Magazine zugunsten der hart bedrängten Israelis zu öffnen; siehe die Libyen-Affäre, als die Franzosen ihren Luftraum nicht für amerikanische Bombenflugzeuge auf dem Weg nach Tripolis freigaben. Was sind das für Bundesgenossen?

Dem Buchstaben nach mögen sie im Recht sein. Aber wenn von einem Vertrag nur der Buchstabe und nicht der Geist gilt, was ist das dann für ein Bündnis? Senatoren und Abgeordnete des amerikanischen Kongresses fragen seit der Libyen-Affäre ihre Forschungsstäbe immer häufiger danach, was die NATO eigentlich den amerikanischen Wähler kostet.

Ohne den Flugzeugträger und seine Fähigkeit, den Atlantik offenzuhalten, fehlt dem NATO-Bündnis das Rückgrat und das Gebiß. Statt vielfältiger Möglichkeiten, Druck abzuwehren und Druck auszuüben, bliebe nur die interkontinentale Rakete mit den zehn Atomsprengköpfen. Eine unglaubhafte Alternative gegen Nadelstiche und politische Einschüchterung.

Die Navy versieht die Politiker mit schwer zu widerlegenden Argumenten, wenn sie mehr frei disponible amerikanische Kräfte fordert und die Frage aufwirft, ob die europäischen Leistungen so groß sind, daß sie den Anspruch auf ein europäisches Veto über die amerikanische Politik außerhalb des Bündnisbereichs rechtfertigen. Sowieso hat die Marine das Ohr des Kongresses. Die Politiker kreditieren sie mit mehr politischer Durchschlagskraft als das Heer, dessen Interesse an einem Verbleib in Europa auch aus Gründen des internen Prestiges nicht unerheblich ist. Die Reduzierung der amerikanischen Landtruppen in der Bundesrepublik steht jedenfalls als Thema wieder einmal zur Debatte. Was sich im Schoß des Kongresses zusammenbraut, erinnert nur äußerlich an die Vorstöße von Senator Mike Mansfield, der in den sechziger und beginnenden siebziger Jahren (also bevor er US-Botschafter in Tokio wurde) das Ausmaß der amerikanischen Beteiligung an der Verteidigung Westeuropas zurückzustutzen versuchte. Seine Gesetzesvorlagen fanden jeweils nur die Unterstützung der liberalen Mitglieder des Senats und wurden regelmäßig von einer Koalition konservativer und gemäßigter Senatoren zu Fall gebracht.

Damit wäre heute nicht mehr zu rechnen. Ob liberal, ob konservativ – die amerikanischen Volksvertreter sehen in der europäischen Abneigung gegen Geldausgaben für die konventionelle Verteidigung einen Versuch, den Amerikanern die ganze Bürde der Allianz zuzuschieben. Die Stimmung im Kongreß ist dadurch charakterisiert, daß zum ersten Mal die Zahl der amerikanischen Truppen in Europa gesetzlich begrenzt wurde – noch nicht vermindert, doch schon begrenzt. Wenn der allgemein respektierte demokratische Senator Nunn, nunmehr als Vorsitzender des Militärausschusses im Senat, seinen Ruf nach Abzug zweier amerikanischer Divisionen aus Europa erneuern sollte, wäre ihm der Erfolg gewiß.

Nicht undenkbar, daß die Schwächung der europäischen NATO-Front die Stärkung der pazifischen Positionen und vielleicht überhaupt mehr Sicherheit für den Westen mit sich bringen würde. Doch wer weiß schon, wie ein solches Verschieben der Gewichte auf die Psychologie der Alliierten wirkt? Kann man ein Bündnis einmotten? Was auch immer die transatlantischen Symposien über die Revitalisierung der NATO erbringen mögen – ohne Flugzeugträger ist sie nicht denkbar. An ihnen läßt sich lernen, daß es davon nie genug gibt und daß Modernisierungen möglich, aber kostspielig sind.

Ich höre zum Schluß meines Aufenthalts noch, daß in den Lagerschuppen von Norfolk 570000 seetechnische Einzelteile, jeweils in großen Stückzahlen, auf Einsatz warten. Und daß auf dem dicken Versorgungsschiff da drüben das Auftauen der Gefrierräume sieben Tage dauert. Sieben Tage ist der volle Zyklus einer Weltkrise. Mit dem Einfrieren des Bündnisses ist es wohl auch nicht getan.

Die Besetzung des Himmels

Anfang der fünfziger Jahre bezog ich in der Nähe der amerikanischen Hauptstadt ein Haus auf dem Land. Der Weg dahin war noch nicht asphaltiert, und das Telefon mußte man sich mit einer Reihe von Nachbarn teilen. Wenn es lang-kurz-kurz klingelte, war ich gemeint. Bekam man beim Versuch, ins Außenministerium zu telefonieren, eine halbe Stunde lang kein Amt, sprach die Nachbarin lang-kurz-lang mit ihrer Freundin. Für die Reporter-Arbeit war das hinderlich. Washington wuchs so schnell in seine grüne Umgebung hinaus, daß die »Große Mutter Bell« – das private Fernsprech-Monopol AT&T – beim Verlegen neuer Leitungen nicht mitkam. Nun, in Europa konnte damals das Warten auf den Telefonanschluß Jahre dauern. Verglichen damit war man noch gut dran und empfand die Schnelligkeit, mit der in der Neuen Welt eine Verbindung mit Houston, Texas, zustande kam, als sensationell.

Es scheint eine Ewigkeit her zu sein, seit Telefone lang-kurz-lang oder lang-kurz-kurz schellten. Inzwischen sprechen wir mit dem Mond. In Houston wurde ich

Zeuge eines futuristischen Vorgangs: Ein chilenisches Komikerpaar half, die elektronische Übertragung eines Aktenschrankes von Informationen nach Europa zu überwachen.

»Könnten Sie mir in Hamburg auch so etwas installieren?« fragte ich.

»Installieren könnte ich es Ihnen«, gab Mr. Olson zur Antwort. »Aber Sie dürften es nicht benutzen. Die Deutsche Bundespost erlaubt es nicht. Sie brauchen keinen Amerikaner, um das herauszufinden. Selbst wenn Sie deutsche Technik installieren (und die ist ja gar nicht schlecht), wird Ihnen die Post keine Lizenz geben.«

David Olson ist ein mittelgroßer Mann von Mitte Dreißig, der mir sein Schoßkind zeigte. Er nennt es den »Houston International Teleport«. Sagen wir statt Teleport mal Fernmelde-Hafen, so haben wir schon einen Begriff davon, um was es sich handelt. Hier werden elektronische Signale, Daten, Informationen umgeschlagen. Sie flitzen von Houston 36000 Kilometer hinaus in den Weltraum zu einem geostationären Satelliten und von dort weiter nach England. Oder sie kommen von einer amerikanischen Bank in Paris, werden per Mikrowelle zu einem der Hochhäuser Houstons am Horizont abgeschossen und verschwinden in den Datenspeichern einer Großbank zwanzig Stockwerke tiefer.

Olsons Angestellter im Kontrollraum war in diesem Augenblick gerade mit der lupenreinen Übertragung des Datenschwalls beschäftigt, den eine Versicherungsgesellschaft in Dallas einer ihrer Filialen in Amsterdam übermittelte. Wunderbarerweise wurde die Zwischenstation im Weltraum gleichzeitig von einer chilenischen Fernsehstation genutzt. Daher das Komikerpaar. Solange das Bild der beiden auf dem Monitor gestochen scharf war und der Ton gut, wußte der Mann im Kontrollraum, daß er weitere grüne Zitterzeichen auf den Apparaten ringsum nicht zu beachten brauchte. Als Hispano, typisch für Houston, konnte er über die Witze der Chilenen lachen, die David Olson nicht verstand.

Der Kontrollraum des Teleports sieht nicht viel anders aus als die flimmernden Eingeweide irgendeines mittleren Fernsehsenders. Einem Fachmann wäre die Apparatur zur Verschlüsselung elektronischer Signale aufgefallen. In die Übertragung von Monroe-Filmen oder Boxwettkämpfen aus Las Vegas soll sich nicht jeder hergelaufene Besitzer einer Tellerantenne einschleichen können, ohne zu bezahlen.

Der Teleport ist nicht größer als das Postamt einer bayrischen Kleinstadt. Ein fensterloses und schmuckloses Gebäude in der schwülen Ebene außerhalb von Houston. Das Flachdach überragen neun verschieden große Antennen. Ihre runden Ohren sind schräg nach oben gerichtet. Eins der Ohren peilt die chilenischen Komiker an. Auf einem kräftigen LKW-Anhänger wartet eine mobile Sendeantenne auf den Einsatz. David Olson tätschelt ihren Fuß.

Als das Erdbeben von Mexiko die Kommunikationsnetze zerriß, wurde das Gerät mitsamt rollendem Untersatz per Frachtflugzeug in das Katastrophengebiet gehoben. Es brachte innerhalb von zwölf Stunden die Live-Sendungen der Fernsehgesellschaft ABC auf die amerikanischen Bildschirme. Das war beinahe Routine, denn Olson befördert für ABC auch die Momente, wenn der Space Shuttle in den Weltraum spurtet. Oder explodiert.

Simultane Übertragungen aus dem Wembley Stadion in London und dem John F. Kennedy Stadion in Philadelphia für die Riesen-Rockshow Live Aid – eine Kleinigkeit. Fernsehkonferenzen für die Kunden einer Computerfirma in elf Großstädten Amerikas und Europas zugleich – David Olson schaltet von Satellit zu Erde zu Satellit zu Erde wie der Schleusenmeister eines Hafens und bringt seine elektronische Fracht an den Mann. Nicht lang-kurz-kurz und nicht lang-kurz-lang, sondern in Blitzesschnelle.

Olson war nie ein Fernmeldetechniker. Er war erfolgreicher Verkäufer von Porschewagen in New York, als ihn der »Tele-Käfer biß«. Seine Firma vergleicht er gern mit einem Porsche – teuer, klein, wendig, vorneweg.

»Wie stellen Sie es an, daß Sie das alles dürfen?« fragt der Besucher aus dem alten Europa und deutet auf die flirrenden Wände des Kontrollraums.

»Ich beantrage eine Lizenz und bekomme sie ohne Wartezeit, wenn sich ausrechnen läßt, daß ich technisch niemandem in die Quere komme. Das ist anders als bei Ihnen in der Bundesrepublik. Da beleidigen Sie mit jedem Knopfdruck ein Monopol. Für einen Teleport in Hamburg müßten Sie nicht nur eine Lizenz haben, als elektronischer Vermittler tätig zu werden – und so etwas gibt es inmitten der europäischen Staatsmonopole nicht –, Sie müßten auch das eingesetzte Gerät einer Prüfung unterwerfen. Aber glauben Sie, die Kombination aus bundespostalischer Hierarchie und Siemens-Vertretern würde ein gutes Haar an Ihrer Hardware lassen?« Der Ansicht, daß die Bundespost eine Unterabteilung von Siemens sei, war ich früher schon, und nicht nur bei Amerikanern, begegnet.

»Allerdings«, fuhr Olson fort, »die Zeiten ändern sich. Die Behörden bei Ihnen in Deutschland merken jetzt auch, daß sich ein weltweites Kommunikationsnetz entwickelt; jeder will mit jedem jederzeit sprechen und Daten tauschen können. Diese Entwicklung führt schnurstracks an der Bundesrepublik vorbei, wenn sie nicht bald ihr Monopolsystem lockert. Es ist eben abschreckend und unrationell, wenn ein höherer Beamter entscheidet, ob man über Glasfaser, Kupferkabel oder Mikrowelle zu telefonieren hat. Fehlt nur, daß er anordnet, ob der Telefonhörer dabei mit der linken oder der rechten Hand zu halten ist.«

Neben den neun Lausch-Tellern im Teleport und angesichts zweier Sendemasten von siebenhundert Meter Höhe – alles in Privatbesitz – gerieten wir in ein Gespräch über Nutzen und Nachteil staatlicher Verordnungen in der Informationstechnik. Über eines waren wir uns allerdings sofort einig: daß dieser Technik die allumfassende Zukunftsindustrie entspringt.

Den Erfahrungen des Europäers mit dem Staatsmonopol im Fernmeldebereich kann der Amerikaner die ähnlich gelagerten, aber vielleicht etwas glücklicheren Erfahrungen mit dem privaten Monopol entgegensetzen. AT&T, die »Große Mutter« des amerikanischen Telefonnetzes, übte lange Jahrzehnte hindurch ein Beschaffungsmonopol aus. Es gab keine Chance für Endgeräte außer denen einer AT&T-eigenen Firma. Das entsprach noch ungefähr der europäischen Tradition: Die läßt nur Telefone zu, welche unter staatlicher Fernmeldelizenz hergestellt sind.

Vor zwanzig Jahren erschienen dann die ersten Nachrichtensatelliten am Himmel. Gleichzeitig wurde das Monopol der AT&T per Gerichtsbeschluß gebrochen. Seitdem hat die »Große Mutter« Hunderte von kleinen Konkurrenzgesellschaften bekommen. Auf dem Gerätemarkt herrscht Wettbewerb. Die Liberalisierung des Endgerätehandels ist weit fortgeschritten. Der Staat als Lizenzgeber prüft nur noch, ob zum Beispiel ein zum Verkauf angebotenes Telefon- oder Schaltsystem Störfaktoren enthält. Die Deutsche Bundespost dagegen beurteilt nicht nur die Störfaktoren, sondern überhaupt die Funktionsfähigkeit des angebotenen Geräts. Sie zerbricht sich also den Kopf des Herstellers und des Kunden, ob die das wollen oder nicht.

Die Entwicklung, die so deutlich auseinanderläuft, hat zunächst dazu geführt, daß die deutsche Fernmeldeindustrie ihre Vermittlungssysteme in den USA verkaufen kann. Sheboygan im Staate Wisconsin ist die erste amerikanische Stadt, deren Gespräche durch eine Siemens-Vermittlung laufen, vermutlich, weil diese Gegend seit

1848 so viele deutsche Einwanderer gesehen hat. Den amerikanischen Apparaten dagegen, soweit es sich nicht um Computer handelt, bleibt der Zugang zum deutschen Endverbraucher verschlossen. Der Ausschluß von Konkurrenz hat für die deutsche Industrie unstreitig angenehme Folgen. Sie genießt aus vollen Zügen die Vorteile des risikofreien Absatzes. Die deutsche Wirtschaft als Ganzes erfährt allerdings Nachteile. Sie liegen darin, daß die Vielzahl der Daten-Übertragungsdienste, die international bereits in allen Kombinationen angeboten werden, in der Bundesrepublik nicht zur Verfügung stehen oder erst durch den engen und beengenden Flaschenhals der Bundespost hindurchgeschleust werden müssen.

»Bedauerlich«, sagt Olson, »aber wir kommen schon noch ins Gespräch.« Er hat die Lang-kurz-kurz-Zeit in den Vororten Washingtons nie erlebt, weiß also nicht, wie lange es dauert, bis ein frohgemuter Konkurrent gegen ein altehrwürdiges Monopol Erfolge erzielen kann.

In den USA zog sich die Regierung aus der Regulierung der mächtigsten Zukunftsindustrie zurück. Das geschah in weiser Voraussicht, denn der Schneckengang einer Fernmeldeordnung kann mit den technischen Möglichkeiten des Computer-Zeitalters nicht Schritt halten. Die Kommunikationstechnik wird den staatlichen Hoheitsakt allemal unterlaufen. Die grotesken Bemühungen der deutschen Länderkabinette, das Fernsehen zu ordnen, unterstreichen das zur Genüge. Ihr Ergebnis ist Chaos. Die Behörden haben es noch nicht voll realisiert, aber die Ländergrenzen, innerhalb derer der Staat seine

Lizenzen den Gerechten zuteilt und den Ungerechten vorenthält, und erst recht die nationalen Grenzen werden angesichts des anschwellenden Datenflusses undicht. Die Liberalisierung des amerikanischen Fernmeldemarkts hat die des britischen nach sich gezogen und den japanischen aufgelockert. Der technologische Wettbewerb ist voll angefacht. Es geht um den großen Preis der Digitalisierung des Welt-Telefonsystems. Normen, Standards, lang-kurz-lange Bräuche, Baby-Öl für die Elektroindustrie – alles fliegt aus dem Fenster. Es ist jener Prozeß der »schöpferischen Destruktion« in Gang gekommen, den man mit Kapitalismus nur ungenügend beschreibt.

Gegen die rechtgläubigen Fernmelder in den Kernbereichen Europas sind unternehmende Ketzer aufgestanden. Sie sehen die elektronischen Linien und Knotenpunkte zwischen Sendern und Empfängern als ein Kanalsystem, das die Massengüter der Nachrichten-Signale möglichst rasch und billig transportieren soll. Zum nächsten Teleport beispielsweise. Information ist in ihren Augen eine Ware. Wer ihren Zugang zu gewissen Gebieten einengt oder unterbindet, übt nicht nur Zensur aus, er führt auch Handelskrieg.

Allerdings koppelt er sich dabei selbst von der Entwicklung ab und wird bald zusehen müssen, wie ihm andere in der Bewegung von Nachrichtenladungen und Informationsströmen zuvorkommen. Es gibt bereits einen globalen Wettbewerb der Informations-Dienstleistungsbetriebe auf der Basis des freien Angebots ihrer Dienste an Dritte. Die Hauptbenutzer der privaten Nachrichtennetze – Banken, Versicherungen, Luftlinien, Reisebüros, internationale Konzerne – sehen, daß in ihrer Kostenstruktur der Transport von Information der zweithöchste Posten ist – nächst den Gehältern des Personals. Wenn sie ihre »Ware« billiger per Glasfaserkabel über den Atlantik bringen können als mit Hilfe eines Satelliten, so werden sie den Anbieter von 35000 Glasfasern wählen. Wenn ihr Gegenverteiler auf der europäischen Seite durch hoheitliche Vorschriften in Holland weniger schikaniert wird als in der Bundesrepublik, dann fällt ihnen die Standort-Entscheidung nicht schwer.

»Wußten Sie«, fragte mich David Olson, »daß sich die Tarifstruktur der Bundespost bei der Beförderung von Informations-Massengütern nicht nach den Kosten orientiert? Wie soll sie das auch! Sie richtet sich ja nach dem Schutzbedürfnis von Inlands-Interessenten.«

Die Länder mit freiem Wettbewerb auf dem Sektor »Information« sind auch als Finanzmärkte die aktivsten. Sie orientieren sich an den Kosten. Das Ferngespräch Tokio-New York wird deshalb binnen kurzem billiger sein als eines zwischen Frankfurt und Paris. Die Frankfurter Börse wird erst dann eine echte Konkurrenz für die Finanzmärkte London und Singapur werden können, wenn ungehinderter Wettbewerb in der Nutzung des Informationsflusses herrscht. Oder noch ein Beispiel: In den Staaten, die den Wettbewerb in der Daten-Beförderung beschränken, gerät die Forschung in Rückstand. Ihre Atemluft ist der ungehinderte Zugang zum Sauerstoff internationaler Datenbanken.

David Olson ist kein Revolutionär, aber er betreibt mit seinem Teleport die Revolution der globalen Kommunikationswege. Wo auch immer man in den Zeiten des lang-kurz-kurz hinschaute – die elektronischen Pfade waren dem Veto und Gebot des Staates oder mindestens eines starken Monopols unterworfen. Das ist nicht mehr so, seitdem die Bürger der Neuen Welt entschieden haben, daß ihre Regierung die Finger von der Benutzungsordnung für Kommunikationswege lassen solle. Dieser Entschluß setzte die vorausgesagten unternehmerischen Energien frei. Er trieb die Kommunikationstechnik im globalen Maßstab voran. Es fehlte mit einem Male auch nicht an Daten, mit denen die Ätherwellen zu füllen, nicht an Gedanken, die rings um den Globus mitzuteilen waren.

Dies ganz handgreiflich und augenfällig. Ob ich nun in Paris bin oder in Singapur, in Hongkong oder Zürich – die *International Herald Tribune* bekomme ich druckfrisch auf den Frühstückstisch des Hotels.* Damit verfüge ich über genau die gleichen Nachrichten und Meinungen, wie sie die *New York Times* oder die *Washington Post* am Vorabend gedruckt haben oder in wenigen Stunden drucken werden. Man sollte sie nicht unterschätzen, diese stetige und sofortige Gegenwart des amerikanischen Standpunkts in der Welt! Sie ist die Folge der technischen Fertigkeit, mit der immense Datenmengen bin-

* Auflage der *International Herald Tribune* in Paris täglich 53000, Zürich 50000, Den Haag 32000, London 28000, Marseille 18000, Hongkong 18000, Singapur 13000, Miami (für die Karibik) 10000.

nen weniger Minuten rund um den Globus zum Druck befördert werden können.

Wem die *International Herald Tribune* zu liberal ist, der bemächtigt sich an den Zeitungskiosken von Adelaide bis Zürich des *Wallstreet Journal*. Auch dieses Blatt gelangt nicht per Schiffspost nach Hongkong, sondern über Satellitendruck. Wer sich lieber an Bildern und Geräuschen orientiert, der hört und sieht die amerikanischen Fernsehnachrichten, die überall zu empfangen sind, wo amerikanische Soldaten leben oder wo des erstaunlichen Ted Turners »Cable News Network« oder Murdochs »Sky Channel« aufzufangen sind – und das wird bald rund um den Globus sein und rund um die Uhr... Wetter- und Navigationsdienste ergänzen die amerikanischen Stimmen aus dem Himmel auf der einen Seite, die »Voice of America« und weltweite TV-Schaltkonferenzen mit dem amerikanischen Außenminister machen die USA auf anderer Ebene weltweit präsent. Dieser Regierungsebene wird, nebenbei gesagt, der amerikanische Bürger gewöhnlich nicht ausgesetzt. Ein Propagandaministerium für Amerikaner gibt es nicht. Der US-Exekutive ist es verboten, innerhalb der Landesgrenzen mit den privaten Kommunikationsdiensten in Wettbewerb zu treten.

Keine Frage, Amerika hat – mit Hilfe zahlloser Olsons – Sektoren des Himmels besetzt, die dem Englisch, wie es in den USA gesprochen wird, in der Welt dauernde Aufmerksamkeit verschaffen. Während manches in der Bundesrepublik noch im Zustande des lang-kurz-lang verharrt, verwandelt sich die Neue Welt in einen umfassenden, veritablen Teleport.

Der Flaschenpunkt

Es gibt kaum ein Thema zwischen Deutschen und Amerikanern, bei dem die Debatte nicht irgendwann zum Flaschenpunkt gelangte. Mit »Flaschenpunkt« ist die Situation bezeichnet, in der die Deutschen eine Flasche halbleer sehen, die Amerikaner aber sagen: Sie ist halbvoll. Beide beschreiben den gleichen Zustand. Doch die Bewertung richtet sich nach unterschiedlichen Erfahrungen und fällt häufig diametral entgegengesetzt aus.

Der Flaschenpunkt ist besonders häufig erreicht, wenn eine amerikanisch-deutsche Konferenz ein so kompliziertes Problem zum Gegenstand hat wie die Strategische Verteidigungs-Initiative (SDI). Ich hörte mir in Washington im April 1986 an, wie namhafte Experten der Industrie, der Wissenschaft und der Regierung beider Länder darüber diskutierten, nach welchen Regeln Entwicklungen und »Durchbrüche« in der Verteidigungstechnologie gemeinsam für zivile Zwecke genutzt werden könnten. Die Rahmenvereinbarung zwischen den Regierungen existierte bereits, die Füllung des Rahmens in der Praxis lag aber noch im Dunkeln. Die Auseinandersetzung über das »Ob überhaupt« hatte noch nicht durch das Scheitern des Reykjavik-Gipfels ihre besondere Zuspitzung erfahren.

Die ganze Sache klang noch sehr hypothetisch. Schließlich galt SDI nur als ein Konzept, ein Plan, der skizzenhaft auf dem Papier stand. Obwohl das Projekt bereits eine hübsche Stange Geld gekostet hatte, wurde es von seinen Kritikern noch als Wunschtraum abgetan und nicht als Alptraum verteufelt. Man sprach in einer Tonart davon, als handle es sich um eine demnächst stattfindende Vorstellung eines Zirkus, dessen Direktor nicht sicher ist, ob die Pferde den Bären auf ihrem Rücken dulden würden und ob die Pythonschlange sich vom Elefanten mit dem Rüssel aufheben lassen würde.

SDI ist ein Forschungsprogramm, dessen Ergebnis die Bedrohung durch nukleare Fernwaffen unwirksam machen soll. So etwa formuliert es der Traum von Präsident Reagan. Fachleute im Kongreß haben diese lapidare Forderung aufgegliedert und vier Kriterien ersonnen, die im Verlauf von Forschung und Entwicklung als Leitlinien dienen sollen. Das Verteidigungssystem muß

1. imstande sein, anfliegende Nukleargeschosse zu zerstören;
2. überleben, bis der Angriff vorbei ist; es muß
3. weniger kosten als die Offensivwaffen, die in der Lage sind, es zu durchdringen; und es darf
4. das strategische Gleichgewicht zwischen der Sowjetunion und den Vereinigten Staaten während keiner Phase der Aufstellung stören.

Dieser letzte Punkt ist wichtig. Denn gemäß dem Drehbuch des Kongresses kann erst Mitte der neunziger Jahre die Entscheidung herangereift sein, ob diese Art von Verteidigungssystem gegen Ende des Jahrhunderts aufgestellt und notfalls eingesetzt werden soll. Da die Sowjetunion die nämlichen Entwicklungen nach amerikanischen Erkenntnissen bereits seit einiger Zeit betreibt, wäre das der späteste Zeitpunkt für Verhandlungen darüber, ob beide Länder nach einer vereinbarten Etablierung der neuen Abwehrwaffen mit der Verminderung von Angriffswaffen beginnen sollen. Während dieser Phase des Übergangs würde die Drohung mit nuklearer Vergeltung eine immer noch wesentliche, aber an Bedeutung abnehmende Rolle spielen. In der angestrebten Schlußphase soll die Verteidigung gegen strategische Raketen und die Reduzierung von Angriffswaffen auf extrem niedrige Stückzahlen die Fähigkeit der Sowjetunion und der USA beseitigt haben, sich gegenseitig mit Nuklearwaffen den Garaus zu machen.

Ein Drehbuch der Waffenentwicklung über zehn oder fünfzehn Jahre läßt sich zur Not und mit viel Phantasie schreiben. Dieses Drehbuch muß aber von der Art sein, daß nach jeder Szene die Reaktion des Gegners und der Bündnispartner berücksichtigt ist. Das macht die darauf folgende Szene zu einer Gleichung mit tausend Unbekannten. Ferner: Zwischen der Erprobung von Prototypen und der Funktionstüchtigkeit eines integrierten Systems klaffen lange zeitliche Zwischenräume. Plötzlich bekommt ein Bündnispartner Angst vor der eigenen

Courage, beziehungsweise vor dem Stirnrunzeln in Moskau, und schert aus der Phalanx der entschlosseneren Alliierten aus. Solche Möglichkeiten komplizieren den Prozeß der Beurteilung außerordentlich, denn die wahrscheinlichen sowjetischen Reaktionen sollen ja realistisch beurteilt werden. Jedenfalls werden Entscheidungen heute gefordert, welche in Amerika und Europa erzielte Forschungsergebnisse des Jahres 1995 geistig einbeziehen, ja vorwegnehmen.

Wer hat schon die Gabe des Propheten, wenn es zu wissen gilt, aus welchem Material die Satelliten in zehn Jahren gemacht sind, mit welcher Energie sie in den Himmel gehoben werden, welche Sensoren sie tragen, um Tausende von Kilometern weit entfernte Raketenstarts verfolgen zu können, und ob erd- oder raumgestützter Radar mit ihnen kombiniert werden muß. Die Höchstgeschwindigkeit heutiger Computer muß bis dahin um soundsoviel Grade verbessert sein und sich zu künstlicher Intelligenz steigern lassen; ein halbes Dutzend verschiedener Arten von Laserstrahlen harren der Entwicklung zur Fern-Energie-Waffe – von anderen, exotisch wilden Apparaten, Energien und Spürmitteln ganz zu schweigen. Einen enormen technischen Aufwand (der heute bezahlt werden muß) auf die Vorausschätzung von Resultaten zu gründen, die erst in zehn Jahren – vielleicht – eintreten, ist fast vorwitzig. Hier stehen Europäer und Amerikaner am Flaschenpunkt.

Bei solchen Denksport-Aufgaben ist die amerikanische Seite im Vorteil. In der oben erwähnten amerikanisch-deutschen Konferenz zog Dr. George Keyworth II, von 1981 bis 1985 Wissenschaftsberater von Präsident Reagan, den Vergleich zwischen SDI und dem Manhattan Projekt. Er wollte die amerikanische Erfahrung begreiflich machen. Als die erste Atombombe gebaut wurde, war ebenfalls nur das theoretische Prinzip bekannt, die praktische Wirkung war unerforscht und umstritten; Hunderte komplizierter und kostspieliger Verfahren mußten ad hoc erfunden werden. Genau wie bei SDI war man sich über Zweck und Ziel der Unternehmung nicht einig. Sollte nur bewiesen werden, daß die USA diese Waffe herzustellen in der Lage sind? Sollte sie in einer grandiosen Demonstration vorgeführt oder, wie es dann geschah, gegen Japan eingesetzt werden, oder sollte der Geist lieber aus moralischen Gründen in der Flasche bleiben?

Ähnliche Fragen drängen sich auf, wenn über den »Sternenkrieg« gesprochen wird. Die Erfahrung mit dem Manhattan Projekt dient den Amerikanern als Fingerzeig für die Art und Weise, wie man die Strategische Verteidigungs-Initiative angehen soll. Sie meinen, man müsse erst einmal überzeugt sein, daß die Sache gerechtfertigt ist. Dann lasse sich leichter an ihre Verwirklichung glauben. Alsbald lösen sich die Hindernisse eins nach dem anderen von selbst auf. Die Flasche steht auf dem Tisch. Sie ist halbvoll. Ein Zufall, daß Raketen und Bomben zuweilen die Form einer Flasche haben.

Die Konferenz machte deutlich, daß für die amerikanische Einstellung zu SDI außer der Manhattan- und Apollo-Erfahrung noch zwei andere und tiefere Quellen maßgebend sind. Die eine hat mit dem Auftrag zu tun, den Experten wie Dr. Keyworth zu haben glauben. Sie beziehen sich ausdrücklich auf den Willen des Volkes, das letzten Endes darüber entscheiden wird, ob ein SDI-Projekt aus dem Planungsstadium in die Erprobung und von da in ein einsatzbereites Verteidigungssystem übergeht. Gemäß seinem Eid auf die Verfassung gibt der Präsident den Anstoß. Der Kongreß bewilligt das Geld. Aber es ist das Wählervolk, das sich bis zu dem mysteriösen Termin irgendwann Mitte der neunziger Jahre in einem kontinuierlichen Prozeß zu dem Thema äußern wird – in zwei oder gar drei Präsidentschafts- und doppelt so viel Kongreßwahlen.

Die deutschen Konferenzteilnehmer wären sich als Experten wohl eher fragwürdig vorgekommen, hätten sie zwischen einem deutschen Volkswillen und der Entscheidung für oder gegen die Teilnahme an einem so komplizierten System eine unmittelbare Wahl-Beziehung hergestellt. Sie sprachen von Entscheidungen der Bundesregierung, der Ministerialbürokratie, allenfalls der Parteien im Bundestag. Amerikanische Politiker fühlen sich sicherer. Sie gehen instinktiv von der Annahme aus, daß eines Tages über SDI in freien, gleichen und geheimen Wahlen entschieden wird – und nicht auf dem Wege des Ukas. Inwieweit das aufgewandte Geld und die Verlokkung etwaiger Forschungsergebnisse eine Vorentscheidung zugunsten oder gegen die Aufstellung der SDI-Hardware bewirken, das ist natürlich auch für die Amerikaner eine brennende Frage. Die Antwort wird sicher in den kommenden Jahren heftig diskutiert werden.

Die andere Quelle optimistischer Inspiration ist Präsident Reagan. In weiten Kreisen der deutschen Öffentlichkeit gilt er als kriegslüsterner Idiot. Selbst seine Gegner in Amerika sehen ihn bereits etwas differenzierter. Sein langjähriger Wissenschaftsberater stellte im Verlauf der Diskussion einen Vergleich zwischen Reagan und einem General an. Der General hat gelernt, wie man führt. Er muß sich aber sagen lassen, wohin. Reagan weiß, wohin er führen will. Wie er hingelangt, weiß er häufig nicht. Aber ob es sich um SDI handelt oder um das Staatsdefizit – es sind in seinen Augen alles Werkzeuge und Mittel, die er mit unvergleichlich sicherem Instinkt für seine Zwecke und Ziele benutzt.

Dr. Keyworth zitierte Reagan mit den Worten: »Als Pessimist muß ich damit rechnen, daß uns die Russen über kurz oder lang mit einer nuklearen Drohung zu erpressen suchen. Ich entscheide mich deshalb für die optimistische Version: daß nämlich SDI eines Tages die Erpressung unmöglich macht.«

In dem Augenblick, da diese Konferenz stattfand, hatte der Glaube an glatt geölte amerikanische Technologien gerade heftige Stöße empfangen und war bei einigen europäischen Beobachtern zusammengebrochen. Im Nachhall der Challenger-Katastrophe und unter dem erbarmungslosen Kreuzverhör durch eine Sonderkommission hatte die NASA ihre Reputation der Unfehlbarkeit eingebüßt. Zwei Starts unbemannter Raketen waren mißglückt. Ihre Lasten hatten etwas mit der Verteidigung im Weltraum zu tun. Übriggeblieben als zuverlässiges Lastpferd am Himmel war in diesem Augenblick nur die europäische »Ariane II«.

Einen deutschen Teilnehmer riß das zu der Bemerkung hin, die Europäer seien nun nicht mehr nur Juniorpartner im Weltraum, die sich nach den Regeln der NASA zu richten hätten, vielmehr seien sie nun Seniorpartner – zu umfangreicher, kameradschaftlicher Kooperation bereit, aber doch mit der Fähigkeit, Ende der neunziger Jahre vollkommen selbständig zu handeln. Diese letzte Voraussage stellte sich schnell als zu kühn heraus. Wenige Tage später explodierte nämlich auch die Ariane II nach dem Start. Zusammen mit Tschernobyl konnte man das wohl als eiskalte Dusche für den Übermut der Techniker bezeichnen.

Die Flasche war dennoch nicht halbleer. Einer mit Macht über amerikanisches Steuergeld, nämlich der Vorsitzende eines Raumfahrt-Ausschusses im Repräsentantenhaus, wagte vor unserem Kreise die Voraussage, 1994 werde es in Zusammenarbeit mit den Europäern die Raumstation geben und bald darauf eine gemeinsame Expedition zum Mars. Oder sollten Russen und Amerikaner dorthin gleichzeitig und im Wettbewerb starten? Auch das sei denkbar. Wissenschaftliche Aufgaben würden jedenfalls finanziert, also würde auch das große Teleskop in den Himmel gesetzt werden, sobald der Space Shuttle wieder fliege. Darüber herrsche bei ihm kein Zweifel, wenn auch aus Gründen der nationalen Sicherheit nicht wieder alle Eier in den einen Korb der Raumfähre gelegt werden dürften.

Die Worte des Kongreß-Abgeordneten William Nelson haben insofern besonderes Gewicht, als er sich dem Training eines Astronauten unterzogen und einen Flug der Raumfähre mitgemacht hat. Bei einem langen Blick in der Morgenfrühe aus der Kapsel auf den Nil und den Suezkanal sei er von der Vision überwältigt gewesen, es werde eines Tages ein Gipfel der Staatsmänner im Weltraum stattfinden. Müßten nicht die politischen Entscheidungsprozesse eine andere Wendung nehmen, wenn die verantwortlichen Leiter der Menschheitsgeschicke alles, was auf Erden so unstet und verworren scheint, für einige Augenblicke klar und übersichtlich geordnet durchs Kapselfenster erkennen könnten?

William Nelson bemerkte wohl die Doppelbödigkeit der Frage und wandte sich wieder dem Thema zu, das auf der Tagesordnung stand: die Verwertung von Forschungsergebnissen im Rahmen des SDI-Vertrages für kommerzielle Zwecke. Nunmehr nicht als Raumfahrer und Abenteurer, sondern mit nüchternem Geschäftssinn prophezeite der Abgeordnete bei seinen Kollegen allerhand psychologische Hemmnisse vor einem Technologie-Transfer. In die Sowjetunion sowieso nicht, aber auch die Alliierten würden Schwierigkeiten haben mit den Kontrollinstinkten im Kongreß.

Wasser auf die Mühlen der europäischen Skeptiker! Ihre Einwände klingen kurzgefaßt so: Die Amerikaner benutzen SDI nur, um ihren Bündnispartnern und Konkurrenten gute technische Ideen abzuluchsen. Die Zusammenarbeit mit den USA auf Grund amerikanischer Vorgaben und Finanzierung wird die Richtung festschreiben, welche die Forschung zu nehmen hat; sie wird aber die Entwicklung eigener nationaler Forschungen unterbinden. Ferner: Die Zusammenarbeit in der Forschung und Entwicklung verstärkt den Druck auf die Bundesgenossen, an einem eigentlich unerwünschten Einsatz in der Waffentechnik teilzunehmen. Schließlich: Die USA werden sich die Ergebnisse der alliierten SDI-Forschung unter den Nagel reißen, einen Geheimstempel draufdrücken und damit die Entwicklung kommerziell verwendbarer Produkte verhindern, sofern sie mit amerikanischer Technologie in Konkurrenz stehen.

Reagans ehemaliger Wissenschaftsberater Dr. Keyworth muß während seiner Zeit im Weißen Haus interessante Erfahrungen gesammelt haben. Er widersprach den Kleinkarierten mit einer vehementen Verdammung jedweder Geheimstempel-Mentalität. Die amerikanische Bundesbürokratie sei besessen von ihrer Geheimniskrämerei. Sie führe sich auf, als sei Paranoia eine in Washington grassierende Berufskrankheit. Damit stehe sie im Gegensatz zu Volk und Industrie. Wie groß sei denn die Fähigkeit Amerikas, eine neue Technik weiterzuentwickeln? Doch wohl dreimal größer als die Kapazität der Sowjetrussen, sich einer neuen Technik auf dem Schleichweg zu bemächtigen.

Ein Wissenschaftsberater hat gut Sprüche klopfen, muß da ein Beamter des US-Handelsministeriums feststellen. Sein Kollege im Pentagon pflichtet ihm bei, und insgeheim tun das seine deutschen Gegenüber in den entsprechenden Ministerien in Bonn auch. Trotz aller Beteuerungen aufrichtiger Partnerschaft hatten für eine Weile die Kleingläubigen das Wort. Man kam zum Kleingedruckten. Die Flasche leerte sich zusehends.

Unleugbar spüren die Amerikaner im Alltag des internationalen Konkurrenzkampfes keine Bedrohung durch die Sowjetunion; die sowjetischen Waffenentwicklungen sind etwas für die Sonntagszeitungen. Wettbewerb wird spürbar zunächst auf dem kommerziellen Felde und da viel mehr mit den eigenen Alliierten als mit irgendwelchen sowjetischen Produkten. Wenn kein besserer Vorwand zur Hand ist, dann muß der vermeintliche oder vereinbarte Technologie-Transfer als Erklärung für den Konkurrenzdruck herhalten. Zudem: Wenn die Japaner den Computer der fünften Generation eher bauen als die Zauberkünstler in Silicon Valley, dann zehrt das etwas am amerikanischen Selbstvertrauen. Fragen der zivilen Nutzung verknoten sich also unentwirrbar mit Rücksichten auf die Sicherheit und das nationale Prestige. Schrille Töne in den Diskussionen über das Kleingedruckte vom SDI-Abkommen sind zu erwarten.

In das Szenarium der kommenden Jahre muß auch die Wahrscheinlichkeit eingesetzt werden, daß die europäischen (und ostasiatischen) Teilnehmer an SDI eines Tages eine wissenschaftlich-technisch begründete Auswertung der bisherigen Ergebnisse sehen wollen. Vielleicht bekommen sie diese Auswertung nicht zu Gesicht, weil sie in dem amerikanischen Fach mit der höchsten Geheimstufe abgelegt ist. Das wird die Entscheidung über die Teilnahme am Einsatz des SDI-Systems erschweren, und schon hätte man einen weiteren Zankapfel innerhalb der Allianz. Die politischen Kosten würden die technischen Gewinne aufzehren!

In solchen Momenten – wenn der Europäer mit masochistischer Befriedigung in der Stimme ruft: »Die Flasche ist nicht nur halb, sie ist schon fast ganz leer!« – wird man dankbar für den gesunden Menschenverstand von Kennern der Bündnisgeschichte. Die transatlantische Kooperation in der Waffenentwicklung gibt zum Thema Technologie-Transfer vielleicht etwas her, wenn man das Verhältnis zwischen Großbritannien und den USA bei der Entwicklung von Kernwaffen ins Auge faßt. Diese Kooperation datiert zurück bis in die Anfangszeiten des Zweiten Weltkriegs. Ihr Erfolg hat das Sonderverhältnis zwischen Washington und London vielleicht nicht begründet, aber zementiert. Zum Besten beider Länder und Völker. Selbst die Narben, die aus Spionagefällen herrühren, haben dazu beigetragen.

Es nimmt nicht wunder, bedenkt man die gemeinsame Arbeit in Laboratorien und auf Waffenplätzen, daß die britische Regierung als die erste die Kooperation mit den USA im SDI-Komplex beschloß. Das Verhältnis ist allerdings im besonderen Sinne eines unter Gleichen, da die in Frage kommende Technik in England wie in den USA vorwiegend unter Regierungskontrolle steht. Von den vierzig Millionen Dollar SDI-Geld, die Ende 1986 der britischen Forschung und Entwicklung zur Verfügung standen, sind nur ein Drittel dem privaten Sektor zugeflossen.

Das ist nicht der Fall bei der deutsch-amerikanischen Kooperation in der SDI-Forschung. 21 Millionen Dollar gehen an Dornier, 4 Millionen an MBB für die Entwicklung von Meßmethoden mit infraroten Strahlen, 1 Million an Schott, eine halbe Million an Carl Zeiss. Der MBB-Auftrag soll sich auf 39 Millionen erweitern. Da gehen also deutsche Privatfirmen, lose chaperoniert vom Bonner Wirtschaftsministerium, die Zusammenarbeit mit amerikanischen Stellen ein, die im Washingtoner Adreßbuch unter »US Government« zu finden sind. Man darf gespannt sein. Insgesamt wird der europäische Anteil an SDI-Forschungsprojekten mit geplanten 300 Millionen Dollar recht schmalbrüstig bleiben.*

Als dieser Flaschenpunkt in der Debatte auftauchte, sprach Dr. Keyworth ein weises Wort: »Zum erfolgreichen Schnelläufer wird man nur, wenn man rennt. Nicht dadurch, daß man den Wettbewerber disqualifiziert.« Er sagte es an die Adresse seiner Landsleute gewandt.

* Zum Vergleich: Hughes Aircraft Division 600 Millionen, Lockheed 550 Millionen, Boeing 350 Millionen... und so weiter. Seit 1983 sollen im Zusammenhang mit SDI für sieben Milliarden Dollar Forschungsaufträge vergeben worden sein.

Mitten in Amerika

St. Joseph ist eine Stadt von siebzigtausend Einwohnern und liegt ungefähr im Zentrum der USA. Das Zentrum der Stadt wiederum blickt auf den Missouri – oder vielmehr, es würde auf den Missouri blicken, wenn nicht irgendein Stadtplaner die Aussicht durch die Beton-Stelzen einer Autobahn verbaut hätte. Das war überflüssig. Die Schnellstraße wird kaum befahren. St. Joseph ist keine emsige Stadt.

Vor fünfunddreißig Jahren kam mir der Ort vor wie der Inbegriff all der Qualitäten, die man dem Mittleren Westen zuschreibt – freundlich, wohlhabend, in sich ruhend. Ich hielt einen Vortrag bei den Rotariern. Das war eine zivilisierte Gruppe von Herren aus den besseren Firmen und Berufen der Stadt, die zu ihrem Lunch etwas über die eben flügge gewordene Bundesrepublik hören wollten. Das Hotel, in dem sie tagten, war behaglich und erinnerte mit seinen Bildern an die Gründerjahre der Stadt. Sie lagen damals etwa hundert Jahre zurück. Ein Reiter-Denkmal vor dem Rathaus feiert auch heute noch den Pony-Expreß – jene sagenhafte Postverbindung, die von St. Joseph über den großen, wilden Missouri-Strom durch Prärie, Indianerland, Felsengebirge und Wüsten nach Westen führte.

St. Joseph war bedeutender als Kansas City und wetteiferte mit Chicago als Sprungbrett in den Wilden Westen. Bevor es sich eine Wasserversorgung zulegte, besaß es schon sechs Brauereien und 130 Bars. Jeder Gebildete erinnert sich der großen Kontroverse über den Ausschank an Sonntagen; als die Vorkämpfer der strikten Sonntagsheiligung zu obsiegen schienen, bot ein unternehmender Wirt freien Kutschentransport über den Strom in den Staat Kansas an für alle diejenigen, die auf ihr gutes Recht, sich auch sonntags vollaufen zu lassen, nicht verzichten wollten.

Damit ist die Stadtgeschichte eigentlich erzählt. Als ich vor den Rotariern die Bundesrepublik pries, war St. Joseph schon längst von Kansas City überholt und stagnierte freundlich vor sich hin. Das Rindvieh brüllte noch in den großen Pferchen. Cowboys in Lederschürzen trieben es in die Schlachthäuser. Aber eines Tages wurden die Fleischfabriken zugemacht, und statt fünftausend waren nur noch fünfhundert Arbeiter in dieser Industrie tätig.

So kommt es, daß die Innenstadt, die ich noch als rührig und belebt in Erinnerung habe, heute architektonisch einer vom Krieg gezeichneten deutschen Mittelstadt zu Anfang der fünfziger Jahre ähnelt: zwischen Bürohäusern älterer Bauart weite, leere Flächen, auf denen sich die Grundrisse der einstigen Gebäude abzeichnen. Straßen mit schadhaftem Pflaster zwischen rostigen Speichern, Lagerhäuser, deren Fenster mit Latten vernagelt sind, Geschäfte, die wie geschlossen aussehen, selbst wenn sie geöffnet sind; Fußgängerzonen, in denen keiner geht, Schnellstraßen, über die niemand fährt. Unzählige Parkuhren, die eigentlich überflüssig sind, deren Kontrolleure aber gnadenlos zuschlagen, wenn ein Wagen seine Zeit um zehn Minuten überschreitet. Die Stadt braucht eben Geld.

Auch an Werktagen zur Lunchzeit bleiben die Straßen leer. Die Büroangestellten bringen sich ihre Mahlzeit mit und essen an den Schreibtischen; sie tun das vermutlich, um eher wieder in die Vorstädte zurückkehren zu können, die wie ein grüner Kranz auf den Hügeln um St. Joseph liegen. Im Unterschied zur Innenstadt ist es da lebendig und gepflegt wie nur irgendwo im Mittleren Westen: alte Villen und Gärten, neue große Einkaufszentren, ausgedehnte Schulen und stattliche Krankenhäuser. An den Ausfallstraßen das übliche Kunterbunt von Tankstellen und grünrot aufgereihten Traktoren und Mähdreschern. Der flache Kasten einer pharmazeutischen Fabrik trägt den Namen einer deutschen Firma; ihr Produkt ist ein Impfstoff der Veterinärmedizin.

Vor dem Rathaus, einem säulengeschmückten Renaissance-Bau aus besseren Zeiten, veranstalteten vier junge Leute eine Protestdemonstration gegen die Schließung eines Heims für Suchtkranke. Der Stadtdirektor wurde beschuldigt, ein Jahresgehalt von 25000 Dollar zu beziehen, aber solche Wohlfahrtsleistungen aus dem städtischen Budget zu streichen. Früher sei man doch auch ohne City Manager ausgekommen!

Ich stieg aufs Geratewohl die Marmortreppen hinauf und ließ mich beim City Manager melden. Eine Minute später saß ich ihm in seinem großen, getäfelten Büro gegenüber. Ein Mann von knapp vierzig Jahren, mit blondem Schnurrbart und holländischem Namen. So wie er unangemeldete Besucher ohne Umschweife empfing, beantwortete er auch meine Fragen; als hätte er nur darauf gewartet.

»Warum sieht St. Joseph aus wie eine Frucht mit faulem Kern? Ganz einfach. Weil es die Zeichen der Zeit nicht hat lesen wollen. Die Stadt hat ihre Geschäftsgrundlage verloren. Nicht nur die Schlachthäuser und die Viehmärkte, auch die Getreideexporte sind dahin.«

»Der Mittlere Westen«, konstatierte Mr. Kooistra, »war bis gestern für eine mit Brot unterversorgte Welt das, was die Saudis für die Ölversorgung sind. Von allen Weizenexporten, die in der Welt zu kaufen waren, produzierte diese Region nicht weniger als achtzehn Prozent. Die Saudis bringen es nur auf vierzehn Prozent der Welt-Ölexporte. Ähnlich unser Mais-Export. Aber wir exportieren nicht mehr. Rings um den Globus steigt die Nahrungsmittelproduktion. Statt zu exportieren, müssen wir heute ein Viertel unserer Getreideproduktion in Silos schaufeln. Achtzig Millionen Tonnen auf Lager! Leider hat der Farmer im Mittleren Westen noch nicht mitgekriegt, daß er nicht mehr produzieren darf, als die Welt aufnehmen kann.«

»Solange die ganze Welt nach Weizen, Mais und Sojabohnen schrie, wurde dem Farmer eingebläut: Kauf dir Land. Kauf Land zu jedem Preis. Borg dir das Geld; hier ist es, wir, die Banken, strecken es dir vor! Der Farmer kaufte. Die Preise für den Hektar verdoppelten, vervierfachten sich, das Land wurde unerschwinglich. Besonders für die Söhne, die eine eigene Farm haben wollten. Die Hypothekenzinsen kletterten so hoch, daß für Lohnarbeiter kein Geld mehr da war. Es schien rationeller, Maschinen zu kaufen. Immer schnellere, immer leistungsfähigere, immer teurere Maschinen. Gigantische Maschinen für das viele gekaufte, noch nicht bezahlte Land. Neue Anleihen bei der Bank.«

»Eines Tages gab es einen Knacks«, fährt der City Manager fort. »Die Spanne zwischen hohen Landpreisen, steigenden Zinsen und fallenden Agrarexporten war trotz der Stützungsversuche der Regierung nicht mehr zu überbrücken. Mitten im schönsten Überfluß begannen die Versteigerungen der Farmen durch Banken, die mehr Geld ausgeliehen hatten, als sie durften. Oder die sich durch waghalsige Operationen auf Gebieten, von denen sie nichts verstanden, in die roten Zahlen manövriert hatten.«

»Seit die größte Bank von St. Joseph in eine Ölschiefer-Raffinerie unsinnige Summen investiert und dabei Hemd und Unterhose verloren hat, ist die staatliche Kredit-Aufsichtsbehörde in eins unserer schönen, leerstehenden Bürogebäude eingezogen und kontrolliert nun sämtliche Banken bis nach Kansas City hinein.«

»Wir sind ja nicht die einzigen, an denen der Reagan-Boom vorbeigegangen ist. Bis hinunter nach Texas liegen alle flach auf der Nase, die mit Vieh oder Getreide zu tun haben. Und in Texas kommt noch die Ölkrise hinzu. Wenn das Faß Saudi-Öl für zwölf Dollar zu haben ist und das Faß Texas-Öl zu pumpen vierzehn Dollar kostet, liegt es doch auf der Hand, daß einem in Houston die Bürogebäude nachgeworfen werden, so leer stehen sie. Dort wissen die Banken auch nicht mehr aus und ein. Oder Oklahoma: Getreide schlecht, Vieh schlecht, Öl schlecht. Die Mitte Amerikas ist in der Krise. Ich vergleiche sie mit der Innenstadt von St. Joseph. Außenherum ist alles grün und prosperiert, aber der Kern ist faul. Dafür kann natürlich Reagan nichts. Er kommt ja aus dieser Region und weiß, wie man sich hier fühlt. Wahrscheinlich ist seine Roßkur das einzig Richtige und wirklich nötig.«

»St. Joseph hat sich schon zu sehr daran gewöhnt, daß es bergab geht. Hier leben 14000 Leute an der statistischen Armutsgrenze. Aber nicht dagegen protestieren sie, sondern gegen den City Manager, wenn er versucht, die Bürger aus den roten Zahlen zu ziehen. Die meisten jungen Leute haben sich wegen mangelnder Berufschancen aus dem Staube gemacht. Die jungen Farmer, die sich kein Land leisten können, ziehen an uns vorbei nach Kalifornien. Mir kommt's manchmal vor, als ob die Stadt in einen Dornröschenschlaf gefallen wäre. Unsere Einwohner sind um zwanzig Jahre älter als der amerikanische Durchschnitt.«

Diese Angabe bestätigte der Augenschein beim Besuch eines Einkaufszentrums an der Peripherie. In der überdachten Lobby sah man wenig junge Leute. Aber es tanzten und musizierten alte Damen in roten Röcken und mit blaugefärbten Haaren – für alte Leutchen in Rollstühlen.

Wie wird man City Manager einer solchen Stadt? Kooistra (die richtige Aussprache seines Namens steht auf der Visitenkarte) kommt von einer der üblichen 250-Morgen-Farmen in Iowa. Bis vor kurzem in Familienbesitz, wurde sie gerade noch zur rechten Zeit für einen guten Preis verkauft. Er hat studiert, war fünf Jahre lang Assistent eines Abgeordneten im Parlament des Staates Missouri und dann sieben Jahre lang Assistent des City Managers von Springfield. Das ist auch keine einfache Stadt. Sie spiegelt die zwiespältige Geschichte von Missouri insofern gut wider, als ihr Hauptfriedhof zweierlei Gefallene beherbergt. Die einen haben im Bürgerkrieg für den Süden, die anderen für den Norden, für die Union, gekämpft. Mit der Versöhnung der Toten nimmt sich die Stadt Zeit. Die Ruhestätten, die die letzten sein sollten, sind durch eine solide Mauer voneinander getrennt.

Heute noch nimmt die Politik in Missouri sorgfältig von der jeweiligen Ahnenreihe ihrer Vorkämpfer Notiz. Da Kooistras Familie erst nach Beendigung des Bürgerkriegs aus Holland eingewandert ist, trifft ihn das nicht, und er kann das Rathaus von St. Joseph als Sprungbrett zu Höherem ansehen.

Aber müßte er dann nicht vielleicht etwas mehr auf die Pauke hauen und weniger skeptisch, weniger differenziert reden? Für einen Politiker im Mittleren Westen kann es tödlich sein, wenn er nicht die Bundesregierung in Washington oder den Kongreß für schuldig am Elend der Farmer erklärt. Das aber ist nicht Kooistras Ansicht. »Die Farmer selbst sind schuld«, sagt er. »Sie verstehen ihr Geschäft nicht. Es ist ein Geschäft mit weltweiten Rückwirkungen. Es kann nicht mehr auf Missouris blitzblanke Farmen beschränkt werden. Man muß wissen, was eine Trockenheit in Sibirien für das nächste Jahr bedeutet. Die Farmer verstehen nicht, mit dem Computer umzugehen und lernen auf den landwirtschaftlichen Schulen keine modernen Management-Techniken. Sie beklagen sich über die Konkurrenz der Europäischen Gemeinschaft und über die Restriktionen auf dem japanischen Fleischmarkt oder darüber, daß die Russen nicht mehr so viel Getreide abnehmen wie früher. Nach Ansicht der Farmer hat ihnen das schon Präsident Carter eingebrockt, und Reagan treibt sicher auch nicht die richtige Ostpolitik.«

Sieht man sich die Sache aber genauer an, so Mr. Kooistra, dann liegt es an niemand anderem als dem Farmer selbst, wenn er sich nicht gesundschrumpfen will, wie er müßte. Auch ohne staatliche Subventionen muß mehr Land aus der Produktion genommen werden.

Muß sich nicht die amerikanische Industrie ebenfalls umstellen? Natürlich muß sie. Der City Manager gehört zu der Generation, die sich immer noch im Besitz eines Restes von Arbeitsethos wähnt. »Die Stadt St. Joseph«, erklärt er pathetisch, »hat noch menschliche Reserven, die zu ordentlicher und zuverlässiger Arbeit fähig sind. Man muß sie besser ausbilden. Wir haben neuerdings ein College mit vierjährigen Kursen. Als einzige Stadt ihrer Größe in den USA besaß St. Joseph eine solche Institution bisher nicht. Oder die neue Berufsschule für junge Farmer. Das ist mal ein Anfang. Aber wären wir imstande, einen Mercedes zu bauen? Amerikanische Autos fallen auseinander. Niemand pflegt sie. Und doch versucht es Amerika immer wieder mit der künstlichen Päppelung überalterter Industrien und überläßt Japanern, Koreanern, Chinesen mehr und mehr die Produkte der Hochtechnologie. Alles, was ein City Manager von St. Joseph im Staate Missouri an beweglichem Hab und Gut besitzt, ist von Japanern hergestellt: Auto, Fernsehen, Radio, Kaffeemaschine, Kamera, Videogerät.«

Kooistra dreht seinen Sessel um 180 Grad und zeigt auf einen kleinen Computer hinter sich. »In diesem japanischen Produkt«, sagt er, »lagere ich meine Erfahrungen als City Manager ab und komponiere allmählich ein Buch. Es sind tragikomische Geschichten aus der Wirklichkeit einer Stadt am Missouri. Der Arbeitstitel ist ›The road is like a jelly sandwich‹ [Die Straße ist glitschig wie ein Brötchen mit Gelee].«

Das Gelobte Land

Dieses Kapitel könnte auch die Überschrift tragen: »Der Zug nach der Sonne«. Oder: »Sieg der Klimaanlage«. Oder: »Auszug aus der Küche«. Oder: »Der Sog der offenen Grenze«. Wer sich für Völkerwanderungen interessiert, die ausnahmsweise friedlich vor sich gehen, kommt gleich auf seine Kosten. Beginnen wir also mit dem Ende des Zweiten Weltkriegs. Da lag der Bevölkerungs-Schwerpunkt der USA ostwärts des Mississippi, gewissermaßen noch in Sichtweite der atlantischen Küste.

Die mächtigen Industrien, die mit ihrer Massenfertigung den Krieg gegen Hitler und Tojo gewonnen hatten, produzierten vornehmlich zwischen New York und Chicago. Sie hatten schwarze Arbeiter aus den Farmlanden des Südens rekrutiert. In den Großstädten der Atlantikküste bildeten sich die ersten schwarzen Ghettos. Die Heimkehrer aus den Kriegen in Europa und Asien kauften sich auf Abzahlung kleine Bungalows an den Rändern der Städte, möglichst im kalifornischen Stil, und die wuchsen immer weiter ins grüne Land hinein.

Mit der Prosperity der fünfziger Jahre kamen das Fernsehen und die Klimaanlage. Damit wurden Gegenden des Südens und Südwestens als Lebensraum attraktiv, die bis dahin in Hitze, hoher Luftfeuchtigkeit und Weltenferne dahinvegetiert hatten. Der Bevölkerungs-Schwerpunkt wanderte über den Mississippi nach Westen. Bald konnte man voraussagen, wann Kalifornien den Staat New York an Einwohnerzahl überholt haben würde, wann Texas neben Öl und Vieh auch Transistoren, ein Weltraumzentrum und »Dallas« als Lebensform produzieren, und wann Florida neben Alligatoren und Apfelsinen auch eine Flugzeugindustrie, Disneyworld und den größten Alte-Leute-Boom aller Zeiten haben würde.

Das war vor dreißig Jahren. Inzwischen hat sich der Umzug der Industrie beschleunigt. Fort von der Automobilfertigung am veralteten Fließband, weg von den grauen Gewerkschafts-Staaten des Nordostens. Lockend sind nun die Service-Industrien und die modernen Fertigungen im Sonnengürtel des Landes. Geld verdient man mit Mikroprozessoren, Raumfähren, Gentechniken. Die Erfinder springen gern nach Laborschluß in den Swimmingpool oder fahren über die Grenze nach Mexiko. Die an sich schon bedeutende Mobilität des Amerikaners hat ihre alte Hauptrichtung wieder aufgenommen. Sie führt geographisch in den Westen und psychologisch weg von der Alten Welt. Man kehrt ihr den Rücken.

Revolutionärer noch als die Wanderung der Sonne nach oder als der Schritt von der Fabrik ins Büro, ist die Flucht aus der Küche. Während in der Sowjetunion die Frau immer noch die gleichen Dienste verrichtet wie einst

– Schneeschippen, Schlangestehen, Hotelzimmer bewachen oder, wenn es hochkommt, den Beruf einer Lehrerin oder Ärztin ausüben –, während in Deutschland die Frau noch um ihre Anerkennung bangen muß, hat sich die Amerikanerin einen neuen gesellschaftlichen Platz erobert. Von der Kanzel der Kathedrale bis zu den Kommandohöhen großer Konzerne, dem Sitz im Kabinett und im Obersten Gerichtshof – nichts ist vor ihr sicher.

Schon gibt es mehr weibliche als männliche Studenten und mehr Frauendelegierte bei demokratischen Parteitagen als Männer. Keine Fernsehsendung ohne weibliche Reporter oder Moderatoren – manche klug, fast alle selbstsicher, alle hübsch. Deutsche und amerikanische Bankiers, Arbeiter und Unternehmer verstehen sich untereinander ganz gut in ihrer leistungsorientierten Lebensführung. Nicht so amerikanische und deutsche Frauen. Sie haben Probleme, ihre jeweils verschiedene Rolle in Gesellschaft und Familie zu begreifen.

Gleicher Lohn für gleiche Arbeit gilt natürlich auch in den USA noch nicht überall. Ob die Frauen heute glücklicher sind als zu den Zeiten, da sie, und sie hauptsächlich, die Kinder der Nation unterrichteten und für die Kultur zuständig waren, das soll hier nicht entschieden werden. Schon damals aber waren sie ihren europäischen Schwestern in der Selbständigkeit der Lebensführung weit voraus. Inzwischen hat der besessene Sprung ins Erwerbs- und öffentliche Leben, den die Amerikanerin innerhalb von zwanzig Jahren vollführt hat, allerhand Unerwartetes nach sich gezogen.

Da man schlank bleiben muß, werden zehn Prozent weniger Eier, zwanzig Prozent weniger Sahne oder Vollmilch und dreißig Prozent weniger Butter konsumiert als vor zwanzig Jahren. Ein Problem für den amerikanischen Farmer! Es wird weniger geraucht und mehr getrabt oder radgefahren. Damit sind denn auch gleich die Herzattakken um ein Viertel zurückgegangen. Die Lebenserwartung der amerikanischen Frau ist auf 77 Jahre gestiegen. Die Zahl der über 65jährigen beider Geschlechter hat sich verdoppelt. Jede dritte Frau läßt sich scheiden, im Durchschnitt bekommt jede Amerikanerin zwei Kinder. Wer wird eines Tages die Rente zahlen für den Babyboom der fünfziger Jahre, wenn heute um ein Drittel weniger Babies zur Welt kommen?

Ähnliche Entwicklungen sind bei uns zu spüren und machen uns Sorgen. Aber was tun die Amerikaner? Sie zeigen keine Furcht. Sie ziehen um. Sie wandern. Der Schwerpunkt der Vereinigten Staaten hat sich im letzten Jahrzehnt wieder einmal weiter weg von Europa verlagert. Überall erblickt man Zeichen der Binnenwanderung. Der Südwesten wird aufgefüllt. Vom Inneren her und von jenseits der löcherigen Grenzen.

Nirgends auf der Welt sind die Grenzen so durchlässig wie zwischen den Vereinigten Staaten und ihren Nachbarn. Da gibt es weder Todesstreifen noch Selbstschüsse. Auf den dreitausend Kilometern Grenzlänge zwischen den USA und Mexiko sind zu jeder gegebenen Stunde nicht mehr Polizisten im Dienst als im Regierungsviertel von Bonn Wache schieben.

Ob es jedes Jahr eine Million oder zwei Millionen Zuwanderer sind, die ohne gültige Papiere den Rio Grande überqueren, um im Gelobten Land des Dollar Arbeit zu suchen – und zu finden –, das weiß trotz aller Computer keiner genau. Die legale Einwanderung allein beträgt schon eine Million im Jahr. Die meisten sind nunmehr Nichteuropäer. Im Jahre 1940 war von zehn Amerikanern einer nichteuropäischen Ursprungs. 1980 stammten bereits vier von zehn aus anderen Erdteilen als Europa. Die Abwanderung ist gleich null.

Alles das verändert das Antlitz Amerikas mit unheimlicher Energie, und hier und da sogar zur Unkenntlichkeit. Mobiler kann ein Land nicht sein. Jedes Jahr, wenn man wiederkommt, findet man das Mobiliar umgestellt, gestohlen, zertrümmert, ersetzt, repariert. Können wir da noch folgen?

Das Gelobte Land der Einwanderer ist nach wie vor Kalifornien. Das Amtsgericht von Los Angeles beschäftigt 430 Dolmetscher. Sie beherrschen insgesamt achtzig verschiedene Sprachen. Die Schulbevölkerung der Stadt besteht nur zu einem Drittel aus weißen Kindern. Zwei Drittel sind von brauner oder gelber oder schwarzer Hautfarbe. Viele haben indianischen Gesichtsschnitt. Die meisten nennen als ihre Muttersprache Spanisch. Mag sein, daß von denen wiederum einige gar keine Einwandererkinder sind. Ihre Vorfahren waren schon zweihundert Jahre da und hatten Spanisch gesprochen, ehe die ersten »Anglos« ankamen. Aber das sind Feinheiten, die wir außer acht lassen wollen.

Als ich das erste Mal kalifornischen Boden betrat, war es gerade hundert Jahre her, daß die stürmischste Sturzflut von Einwanderern über dieses gesegnete Land hereingebrochen war. Seit dem Goldrausch von 1849 hat es eine Welle nach der anderen gegeben – Grenzer, Abenteurer, Schwindler und Spekulanten aus den Großstädten der atlantischen Küste. Chinesische Kulis für den Eisenbahnbau, Japaner für die Gemüsegärten, italienische Fischer, Schweizer Weinbauern, deutsche Handwerker, denen die heimische Inflation zu bunt geworden war, polnische Juden auf dem Weg in die Filmateliers von Hollywood, Farmer aus Oklahoma auf der Flucht vor den Staubstürmen, Sektierer (und Schauspieler wie Reagan) aus den Kleinstädten des Mittleren Westens und dann, während des Zweiten Weltkriegs, schwarze Werftarbeiter für den Bau von Liberty-Schiffen in der Bucht von San Francisco.

Jedem kalifornischen Boom folgt ein Bust, sagt man. Es stimmt nicht ganz. Es ist richtig, daß Los Angeles in den achtzehn Monaten nach der japanischen Kapitulation nicht weniger als eine Viertelmillion Jobs der Rüstungsindustrie verlor. Und daß Statistiker die Voraussage machten, die Metropolis am Pazifik werde ein Elendsquartier und eine Gespensterstadt werden. Sie wurde es nicht. Vielmehr wurde es die Stadt Amerikas, die am schnellsten zunahm. Die Metropolis wuchs von zweieinhalb Millionen Einwohnern damals auf acht Millionen heute. Jeder achte Nachkriegsjob in den USA entfiel auf Los Angeles. Die Marktforscher der Nachkriegszeit mußten vor Scham erröten. Wie der rührige, ungebildete und weise Filmproduzent Louis B. Mayer anzuraten pflegte: »Niemals prophezeien! Besonders nicht über die Zukunft.« Los Angeles wurde, was New York im Jahre 1913 gewesen ist. Das Ziel all derer, welche die Möglichkeiten des Westens suchten, um schnell reich zu werden. Oder glücklich. Oder beides.

Der Wohlstand, den sich der Kalifornier heute als selbstverständlich gefallen läßt, ist für Leute aus anderen Gegenden des Globus schwindelerregend. Die Olympiade 1984 gab der Welt ein Schauspiel von Luxus, Kraft und Hochstimmung, wie man es lange nicht gesehen hatte. Nach vielen Jahren der amerikanischen Niedergeschlagenheit, in denen vorwiegend Gefallene und Geiseln ins Licht der Medien rückten, bot Kalifornien den Bürgern der Neuen Welt endlich wieder einmal die Gelegenheit, Helden und Gewinner zu feiern – Leute, die Erfolg hatten. Das entsprach der Stimmung der Nation. Darauf hatte sie gewartet.

Der Besucher, der vierzig Jahre Entwicklung überblickt, fragt sich immer wieder: Was eigentlich hat Kalifornien zum reichsten, farbigsten und volkreichsten Staat der USA gemacht? Was macht es zum Zielpunkt unaufhörlicher Einwanderungswellen?

Die Naturschätze können es nicht sein. Damit ist es nicht weit her. Kohle und Erz müssen über viele hundert Meilen Felsengebirge herangeschleppt werden. Öl floß früher reichlich, aber heute muß das meiste importiert werden. Wenn es nach den Wasservorräten an Ort und

Stelle ginge, so reichen sie in und um Los Angeles nur für zweihunderttausend Menschen. Acht Millionen müßten verdursten, gäbe es nicht die gewaltigen Aquädukte und Staudämme im Norden des Staates. Sie würden auch verhungern, denn ohne das von weither herangeführte Wasser ist die enorm produktive Landwirtschaft Südkaliforniens undenkbar.

Die Verkehrslage ist gleichfalls nicht die beste. Eigentlich ist Kalifornien eine Insel – durch dreitausend Kilometer Wüste und Gebirge und durch doppelt soviel Seemeilen Salzwasser von den nächsten großen Zentren des Welthandels und der Massenproduktion getrennt. Selbst zwischen den bevölkerungsdichten Regionen Mexikos und Kaliforniens liegt ein tausend Kilometer breiter unwirtlicher Streifen von Sand, Kakteen und Fels. Eine Insel also, größer als Japan, mit nur wenigen guten Häfen an einer unwirtlichen Steilküste.

Dennoch: Wäre Kalifornien ein unabhängiger, souveräner Staat, was es ja historisch auch hätte werden können, so besäße dieser Inselstaat heute in absoluten Zahlen das siebenthöchste Nationaleinkommen der Welt und pro Kopf seiner 26 Millionen Einwohner das höchste Einkommen rings um den Globus – von Brunei und Kuweit mal abgesehen.

Wenn die Fülle des Guten nun nicht von der simplen Verwertung unerschöpflicher Naturschätze kommt und auch nicht von der Gunst der geographischen Lage, woher dann? Die Erklärung liegt in der notgedrungenen Genialität des Einwanderers. Der Einwanderer mit seiner

Technik hat Kalifornien geschaffen. Die Aufgabe war schwierig. Der südliche, volkreiche Teil Kaliforniens ist ohne einen enormen Verschleiß von Natur und ohne einen riesigen Aufwand von Technik fast unbewohnbar. Im Sommer zu heiß, in den Wüstennächten zu kalt. Ohne Klimaanlage und Swimmingpool eine Zumutung, ohne das Wasser aus dem Norden eine Einöde, durchsetzt mit den staubigen Palmen kleiner Oasen.

Kaliforniens Reichtum ist immer der Mensch gewesen, der seinen Grips und seine Energie mitbrachte und in großer Bewegungsfreiheit etwas Neues schuf – im Widerspruch zur Natur der Dinge im Süden, im Einklang mit der Natur im Norden. Da fließen das Wasser und der Wein reichlich, im Schutz himmelhoher Wälder trägt das Land gut, und das Klima ist vom lieben Gott selbst gesegnet.

Eine kalifornische Story: Der Professor und ich saßen in einem hohen Raum, wie sie heute kaum noch gebaut werden. Es war still zwischen tausend Bücherrücken. Draußen, in den weiten Parkanlagen der Stanford University, radelten ein Japaner und ein Wikingermädchen zu ihrer Vorlesung. Sie hatten einander die Arme um die Schultern gelegt und waren fröhlich. Wir erörterten, warum Silicon Valley, die prominenteste Siedlung der Hochtechnologie, gerade hier entstanden ist, genau auf der Bruchlinie zwischen dem naturversessenen Norden und dem technikversessenen Süden von Kalifornien.

Silicon Valley hätte theoretisch überall entstehen können, wo nahe einer Universität Forscher und Erfinder,

Wissenschaftler und Bastler aufeinanderhocken. Warum entstand es nicht bei Evanston in Illinois, unweit von Chicago? Warum in Palo Alto in Kalifornien, auf dem Gelände der Stanford University? Der Professor: »Weil Stanford anders ist als andere Universitäten. Wir haben zu Beginn der Halbleiter-Revolution gute Köpfe aus den Forschungsstätten der Ostküste zu uns gelockt. Womit? Mit einem Versprechen. Wir versprachen ihnen: Ihr könnt Erfindungen, die ihr im Verlauf eurer Forschung an der Universität macht, selbst verwerten. Zum eigenen Vorteil. Ihr könnt Firmen gründen, eure Erfindungen einbringen und eure Erkenntnisse in Aktienkapital umwandeln. Ihr dürft reich werden, ohne daß es euch die Universität übel nimmt. Ihr könnt auch pleite gehen. Dieses Risiko liegt bei euch.«

»Unser Risiko war«, fuhr der Professor fort, »daß wir durch die Zündung des Erwerbstriebs unsere Reputation im Kosmos der Universitäten verlieren konnten. Wir sind ja eine private Institution, mit privaten Mitteln finanziert. Wir haben Glück gehabt. Unser Prestige ist intakt. Wir haben keinen Mangel an gescheiten Köpfen. In der Fakultät nicht und schon gar nicht in der Studentenschaft. Sie kommen aus allen Himmelsrichtungen. Hilfreich war, daß die klugen Ingenieure von Hewlett-Pakkard bereits in der Nähe saßen und daß IBM sich rechtzeitig in dieser Gegend ansiedelte. Jeder, der die exotische Ausdrucksweise der Hochtechnologie beherrscht, findet hier Gesprächspartner.«

»Und um noch einmal auf den nervus rerum zurückzukommen: San Francisco ist, was mancher vergißt, eines der größen Finanzzentren des Landes. Eine halbe Stunde mit dem Auto, und man kann, genügend Beredsamkeit vorausgesetzt, Risikokapital finden für die Finanzierung von Tüftlern und Träumern. Studenten der Physik und angehende Elektroingenieure mit etwas Startkapital haben die Welt verändert. Oder nicht?«

»Was noch gehörte dazu? Die kalifornische Sonne. Die Nähe des Ozeans, die Sierra Nevada in Sichtweite. Ein Lebensstil, der den Nichtkonformisten entgegenkommt. Junge Erfinder denken nicht konform, sondern gegen den Strom. Und übrigens Strom. Elektrischer. Davon braucht die Produktion von Halbleitern viel. Wir haben viel, und er kommt aus der Wasserkraft. Umweltfreundlich. Fossile Brennstoffe und Kernkraft haben bei uns im Norden Kaliforniens wenig Chancen. Hier ist es wichtig, daß man joggen, Joghurt essen und Yoga betreiben kann.«

»Also«, resümiert der Professor, »Gehirn, Geld, Risiko, Strom und Lebensqualität – das hat Silicon Valley entstehen lassen. Das hat die Menschen hierher gelockt. Es hat manchen Kopf und manchen Kragen gekostet. Aber wo wäre das nicht so, wo Einwanderer ihr Schicksal in die Hände nehmen?«

»Hier ist fast jeder Einwanderer. Sie sehen es an den Gesichtern. Wieviel Prozent der Bevölkerung von San Francisco sind asiatischer Herkunft? Fast dreißig Prozent. Sie unterscheiden sich voneinander. Die Japaner haben den größten Ehrgeiz und die besten Examen. Die

Chinesen sind gut in den Wissenschaften und mit Geld, die Philippinos gut mit dem Land und die Koreaner gut im Kommen.«

»Wir brauchen die Asiaten. Wer Chips macht und Computer-Software ausdenkt, hat seine Partner eher in Tokio als in New York. Mit unserer Ostküste kommen wir nicht klar. Sie ist nach Europa orientiert. Unser Handel mit Asien ist bedeutender als der mit dem Rest der Vereinigten Staaten. In gewisser Weise sind wir schon ein vorgeschobener Stützpunkt von Asien. Die ›Präfektur Kalifornien‹. Teil der asiatischen Wohlstandssphäre. Ich mache natürlich nur einen Witz. Aber manche Japaner sehen uns so.«

»Und unsere Vettern in Detroit sind ganz verblüfft, wenn wir ihnen sagen: Jetzt geht's darum, daß unsere chinesisch-amerikanischen Wunderkinder gegen die japanisch-japanischen Wunderkinder bestehen können. Wenn sie nicht so zurückgeblieben wären in Detroit, sondern hier lebten – mein Gott, dann könnten sie sehen, daß in Kalifornien doppelt soviel japanische Autos fahren wie Autos aus Detroit. Sehen ist manchmal wichtiger als wissen. Sie würden sich umstellen.«

»Unsere Halbleiter-Revolutionäre haben sich auch umstellen müssen. Erst dachten sie, jede Familie würde einen Computer besitzen wollen, und produzierten zuviel. Als die Lager überliefen und die Japaner mit Spezialfertigungen kamen und der Dollar zu hoch stand, da mußten viele in Silicon Valley über die Klinge springen. Etwa Osborne, der den ersten tragbaren Computer baute. Ende der Fahnenstange auch für Trilogy. Achtzig Millionen Dollar Risikokapital im Eimer. Aber die Grundstückspreise schossen trotzdem hoch. Und die Bodenverschmutzung durch Chemikalien nahm zu. Die Konkurrenz von Dutzenden anderer Silicon Valleys ist lebhafter geworden.«

»Kalifornien ist Boom und Bust. Erst Orangen und dann Öl, dann Film, TV und Video, dann Flugzeuge und Raumfahrzeuge, jetzt Chips und nächstens Laser und Gentechnik. Zum Glück immer eins nach dem anderen und nicht alles auf einmal.«

»Der Einwanderer hat dieses Land gemacht. Mit Hilfe seiner Technik. Er hat Vertrauen in sich, und wenn er zurückblickt, ist das gerechtfertigt. Er verfügt über eine Art inneren Seismographen. Er klammert sich nicht an das Gestern. Er spürt ein Beben und ist schon auf dem Sprung. Das macht vielleicht die Andreas-Spalte, die längs durch Kalifornien läuft und jederzeit aufklaffen kann. Wir hier, zwischen Süd und Nord, zwischen Feuchtigkeit und Dürre, zwischen Ost und West, zwischen dem Für und dem Wider die Natur, wir ahnen, daß wir in eine neue Art von technischer Welt einwandern müssen, damit unsere kalifornische Insel berückend und reich bleibt.«

Soweit der Professor in Stanford, Palo Alto, Kalifornien. Er empfahl mir zum Schluß eine bestimmte Buchhandlung in Palo Alto. Ich fand sie leicht, denn der Ort ist nicht groß. Auf dem Auslagetisch für Neuerscheinungen nichts als Bücher über japanisches Management, japanische Menschenführung, japanische Konsensbildung. Die tapfere, neue Welt ist lernbegierig. Oder will sie eine »Präfektur Kalifornien« werden?

Ein Blick auf den Pazifik

Hundert Meilen nördlich von San Francisco blickt ein altes russisches Fort auf den pazifischen Ozean hinaus. Aus den Schießscharten der hölzernen Ecktürme ragen die Mündungen von Kanonen. Hinter Palisaden steht ein Kirchlein mit dem russischen Andreaskreuz auf dem Turm. Der Altar soll in der guten alten Zeit von Kanonen flankiert gewesen sein.

Die gute alte Zeit war 1812. Da gingen hier hundert Russen aus Alaska mit ihren aleutischen Knechten an Land und bauten in großer Eile die Befestigung, die heute Fort Ross heißt. Die spanische Garnison in San Francisco sollte davon möglichst erst Wind bekommen, wenn bereits vollendete Tatsachen geschaffen waren. Das war im Sinne des vormaligen Gouverneurs von Alaska, des Grafen Resanow, der dem Zaren in den Ohren lag, aus Kalifornien eine russische Übersee-Provinz zu machen. Eine Million chinesischer Kulis aus Kanton würden dabei helfen.

Den Europäer beschleicht beim Besuch von Fort Ross das Gefühl, unbeobachtet an einem versteckten Kreuzweg der Geschichte zu stehen. Ringsum herrscht Ausflugsstimmung. Waghalsige Jungens lassen sich fotografieren, wie sie auf der Kanone reiten. Es sind kleine Amerikaner, manche mit japanischen Gesichtszügen, alle in Jeans, keiner in Kosakenbluse.

Daß es so kommen würde, war 1812 keine ausgemachte Sache. Überall auf der Welt war das ein turbulentes Jahr. Die Briten zündeten Washington an, und die Franzosen brannten Moskau nieder. Davon wußten die Russen in Fort Ross noch nichts; Nachrichten reisten mit monatelanger, womöglich jahrelanger Verspätung. Nordkalifornien war Niemandsland zwischen Rußland und Spanien – zwischen einer aufsteigenden und einer absteigenden Kolonialmacht. Die Briten waren an der pazifischen Küste Kanadas vorerst nur durch die Pelzhändler der Hudson Bay Company vertreten, Frankreich hatte Louisiana eben verkauft, die Vereinigten Staaten reichten nur bis zur Mitte des Kontinents und hatten kaum den Missouri überschritten. Wer zum Teufel hätte damals den Zaren hindern können, sich an der nordamerikanischen Küste des Stillen Ozeans festzusetzen und Kalifornien, leer wie es war, zu russifizieren?

Es gab natürliche Hindernisse vor der Verwirklichung solcher Träume. Graf Resanow hatte nach San Francisco segeln müssen, um dem spanischen Kommandanten Getreide für seine halb verhungerten Russen in Alaska abzukaufen. Beinahe hätte er mit leeren Händen abziehen müssen – die Spanier waren so mißtrauisch wie die Russen –, hätte er nicht des Kommandanten Tochter mit slawischem Charme für seine Sache gewonnen. Sowohl was Brot als auch was Frauen angeht, stand es offenbar mit der Eigenversorgung in den russischen Siedlungen nicht zum Besten.

Einige Gebäude in Fort Ross haben Brände und das Erdbeben von 1906 überstanden, andere sind rekonstruiert. In einem Zeughaus lagern Buttertönnchen und Wodkafässer. Das Ausflugspublikum studiert andächtig die kyrillischen Aufschriften. Selbst der kluge Vater des japano-amerikanischen Jungen kann sie nicht entziffern, obwohl er in der Stadtverwaltung von San Francisco einen guten Posten hat. Das Haus des letzten Kommandanten steht noch, wie er es für seine Frau, eine geborene Prinzessin Helena Gagarin, gebaut hatte. Für sie ließ er einen Konzertflügel, eine gelehrte Bibliothek und feine französische Weine aus St. Petersburg kommen. Der Transport durch Sibirien, ehe es die Eisenbahn gab, und entlang den Küsten von Alaska und British Columbien mit dem Segelschiff war etwas umständlich. Er dauerte zwei Jahre. Die Länge der Nachschubwege war einer der Gründe, warum die Russen 1841 den südlichsten Befehlsstand ihrer Besitztümer auf der amerikanischen Seite des Stillen Ozean an Johann August Sutter aus Kandern in Baden verkauften, der einige Jahre später den großen Goldrausch und damit die Besitznahme Kaliforniens durch die Vereinigten Staaten auslöste. 1864 folgte der Verkauf von Russisch-Alaska.

Inzwischen hatte das Erscheinen einer Flotte der US-Navy vor Yokohama die Öffnung Japans für den Handel mit der westlichen Welt erzwungen. Ein halbes Jahrhundert später gerieten sich das kaiserliche Rußland und das kaiserliche Japan um Außenprovinzen des chinesischen Reiches in die Haare. Ein amerikanischer Präsident mußte Frieden stiften. Rußland schied zunächst als pazifischer Rivale der beiden Großmächte Japan und USA aus. China mauserte sich mit amerikanischer Inspiration zur Republik Sun Yat-sens. Japan ging auf Expansionskurs. Jene politische Entwicklung im Stillen Ozean war eingeleitet, die mit Pearl Harbour und der Kapitulation Japans auf dem Deck des Schlachtschiffes »Missouri« enden sollte.

Wenn die Chinesen jemandem etwas Böses wünschen wollen, so wünschen sie ihm »interessante Zeiten«. Das heißt soviel wie turbulente Zeiten, in denen man leicht eins abbekommt. Vergleicht man Asien mit Europa, oder genauer genommen, die atlantische mit der pazifischen Region unsres Planeten, und überlegt, wer in den letzten vierzig Jahren die »interessanteren« Zeiten gehabt hat, so liegt das Ergebnis auf der Hand.

Die atlantische Völkergemeinschaft hat die Nachkriegsjahrzehnte nicht ohne Spannungen, aber doch mit abnehmenden Turbulenzen hinter sich gebracht. Die Supergroßmächte gerieten nur einmal beinahe aneinander – wegen Kuba; was sonst im atlantischen Bereich an Konfliktstoffen herumlag, wurde lokal eingegrenzt und neutralisiert: Berlin, die Tschechoslowakei, Angola, die Falkland-Inseln.

Die großen Erschütterungen des Weltsystems nach

1945 erfolgten am Stillen Ozean. Eingeleitet wurden sie durch die Atombombe. Sie fiel auf zwei Städte am Pazifik und blitzte ein neues Zeitalter ein. Versuche mit der Atombombe fanden und finden noch heute vornehmlich in den Weiten des Stillen Ozeans oder in Anrainer-Regionen wie Nevada statt. Die Emotionen, die durch die Erprobung von Kernkraft geweckt werden, haben zur Versenkung des »Greenpeace«-Schiffes »Rainbow Warrior« und mittelbar zu Regierungskrisen geführt, aber nicht in Neuseeland, sondern in Paris.

Das sind nicht die einzigen Folgen. Die Labour-Phäaken im Südpazifik, Australien und Neuseeland, drängt eine nicht so sehr pazifische als pazifistische öffentliche Meinung, das Schutzbündnis mit den Vereinigten Staaten gegen den Status der Neutralität einzutauschen. Der springende Punkt ist dabei nicht allein die Opposition gegen Versuche mit Atombomben. Der australische Außenminister Hayden untersagte im Dezember 1983 einem alliierten Flugzeugträger eine Reparatur in den Docks von Sydney, weil der Kommandant die Meldung an Bord befindlicher Atomwaffen verweigerte. Das Hafenverbot ging gegen die Grundlagen des Anzus-Bündnisses. Viele Australier reagierten instinktiv für die Vettern von jenseits des Pazifik; doch der Konflikt konnte nur äußerlich beigelegt werden; die Risse in der Allianz blieben unübersehbar – und erweiterten sich, als Neuseeland der atomar angetriebenen Flotte der USA die Benutzung seiner Häfen überhaupt verwehrte. Neuseeland hat damit de facto das Bündnis verlassen und wurde vom militärischen und militärpolitischen Informationsaustausch der westlichen Allianzen ausgeschlossen.

Inzwischen schlossen die kleineren Inselstaaten des Südpazifik ein förmliches Abkommen, das die Region zu einer atomfreien Zone erklärt. Zu allem Überfluß bewirbt sich die Sowjetunion um Fischerei- und Liegerechte für ihre Schiffe im Südpazifik – gegen bares Geld in die leeren Kassen der Inselregierungen. Dieser Umstand wird sicherlich nicht zum Abbau der Rivalität der Supergroßmächte im Stillen Ozean beitragen.

Der ehemalige australische Ministerpräsident Malcolm Fraser ist sich absolut gewiß, daß die Sowjetunion vorwiegend militärische Ziele in Ozeanien verfolgt. »Die Sache fängt mit einer Anlage zur Fischverarbeitung an. Die braucht natürlich ein Treibstofflager. Dazu gehören Reparatur-Werkstätten, und die müssen über einen Flugplatz verfügen. Damit wäre der Stützpunkt schon mal da.«

Dieser Analyse widerspricht es nicht, daß der sowjetische Parteichef Gorbatschow in einer Grundsatzrede, die er im fernöstlichen Kriegshafen Wladiwostok über die Sowjetunion als asiatisch-pazifische Macht hielt, die Aktivitäten der Kriegsflotten im Pazifik zu reduzieren vorschlug. Der Stabilität würde eine kernwaffenfreie Zone im Südpazifik ebenso dienen wie die Einschränkung der Rivalität im Bereich der U-Boot-Waffen. Von Aktivitäten zur U-Boot-Bekämpfung sollte in bestimmten Bereichen des Pazifik überhaupt abgesehen werden. Und wenn obendrein die USA auf ihre Militärpräsenz auf den

Philippinen verzichten würden, dann werde sich die Sowjetunion auch nicht lumpen lassen.

Die USA und die Sowjetunion grenzen territorial nur an einer Stelle der Welt aneinander – im Stillen Ozean, beiderseits der Behringstraße zwischen Alaska und Kamtschatka. Der Abschuß eines vollbesetzten südkoreanischen Passagierflugzeuges über Sachalin durch sowjetische Jagdflugzeuge und die sowjetischen Begründungen dafür zeigen, daß das eine Grenze mit neuralgischen Punkten ist. Die Flotten atomgetriebener, mit Atomraketen bewaffneter Unterseeboote der beiden Mächte operieren nicht nur im Atlantik, sondern auch zwischen Wladiwostok, Petropawlowsk, Cam Ranh einerseits und Seattle, Honolulu und Okinawa andererseits.

»Wir tun nichts und werden nichts über das hinaus tun, was dem minimalen Bedarf unserer Verteidigung und des Schutzes unserer Freunde und Verbündeten entspricht.« So Parteichef Gorbatschow in der Rede von Wladiwostok. Sie enthält den Anspruch der Sowjetunion, in allen Seegebieten und vor allen Küsten des Stillen Ozeans ein Wörtchen mitzusprechen.

Um zum Ausgangspunkt zurückzukehren: Keine strategischen Verschiebungen ähnlichen Ausmaßes haben sich seit 1945 rings um den Atlantik abgespielt. In Ostasien dagegen fanden nach 1945 zwei bedeutsame Kriege statt. Die Vereinigten Staaten glaubten in ihnen einen Angriff der kommunistischen Mächte durch ihre Trabanten auf das Nachkriegssystem im pazifischen Raum zu sehen. Die Kriege in Korea und Vietnam mögen in Wahrheit kompliziertere Hintergründe gehabt haben – jedenfalls haben sie den Vereinigten Staaten klargemacht, welche frustrierende Wächterrolle sie im Stillen Ozean spielen müssen, solange sie defensiv reagieren. Hätten sie sich anders verhalten sollen? Viele Amerikaner bedauern, nicht auf General Douglas MacArthur gehört zu haben, der 1951 bis zum Jalu-Fluß vormarschierte und den chinesischen Einmarsch in Nordkorea am liebsten mit der Atombombe gebremst hätte.

Douglas MacArthurs Vater hat 1898 die Philippinen der spanischen Kolonialmacht entwunden und eine für damalige Verhältnisse fortschrittliche demokratische Selbstregierung der Inselgruppe eingeleitet – unter amerikanischer Aufsicht versteht sich. Der jüngere MacArthur ist mit Sicherheit durch den Verlauf des russisch-japanischen Krieges und den darauf folgenden Aufstieg Japans zur Weltmacht in seiner Ansicht bestärkt worden, daß der Stille Ozean die weltpolitische Arena des kommenden Jahrtausends werden würde. Man muß ihm Weitblick zubilligen, daß er nach dem Siege über Japan an der Institution des Tenno nicht rüttelte und dadurch – und mit der oktroyierten Verfassung Japans – den Grundstein für eine amerikanisch-japanische Allianz legte.

Wer der Meinung ist, daß die geopolitischen Spekulationen höherer Militärs nicht viel Einfluß auf den Gang der Geschichte haben können, der muß sich daran erinnern lassen, daß die Vereinigten Staaten 1941 nach dem Überfall auf Pearl Harbour vor einer Grundsatzentscheidung standen: sollten erst die europäischen Achsenmächte und dann Japan, oder sollte erst der Auslöser des pazifischen Krieges niedergeworfen werden und danach Hitler? Hinter dieser Auseinandersetzung standen emotionale Konflikte, die hauptsächlich um das Verhältnis zu England kreisten, und Grundsätze der Selbsteinschätzung. Sollte man etwa nicht fähig sein, auf zwei Ozeanen erfolgreich Krieg zu führen? Wie es kam, wissen wir. Die Waage senkte sich schließlich zugunsten des Hauptangriffs über den Atlantik, und damit war vieles, was sich seither begab, vorgezeichnet.

Vorgezeichnet war eines jedenfalls: die Einigung Chinas nicht unter Tschiang Kai-schek, sondern unter Mao Tse-tung. Als weltpolitisches Ereignis rangiert das Entstehen und Zusammenhalten der Volksrepublik China gleich hinter der Erfindung der Atombombe. Nach hundert Jahren eines Daseins als Spielball westlicher Mächte nimmt das Reich der Mitte wieder seinen historischen Platz ein.

Als ich zum ersten Mal nach Kalifornien kam, war der Koreakrieg in vollem Gang. General MacArthur, der Verkünder des pazifischen Jahrtausends, wurde am Jalu-Fluß von den chinesischen Armeen zurückgeworfen. In Washington tobte der Parteienstreit um die Frage: Wer hat China »verloren«?

Amerika beherrschte zwar seit dem Zweiten Weltkrieg die Meere, die Inseln und die Luft, aber das Festland von Asien außer einem Zipfelchen von Korea mußte während der engen Zusammenarbeit zwischen Stalin und

Mao als verbotene Zone betrachtet und damit als Handelspartner abgeschrieben werden. Japan lag noch in Ruinen und litt unter dem Schock der beiden Atombomben. Niemand ahnte, was sich da unter dem wohlwollend autokratischen Prokonsulat MacArthurs anbahnte.

In Los Angeles oder San Francisco stand über die Geschehnisse an der asiatischen Gegenküste des Stillen Ozeans nur das in den Zeitungen, was sich auf die Verteidigung Formosas durch die USA und auf die drohende Konsolidierung eines gewaltigen kommunistischen Blocks zwischen der Elbe und dem Gelben Fluß bezog. Man las das gleiche wie an der Ostküste. Man hätte gelacht, hätte einem jemand etwas von der künftigen Gläubigerposition Japans auf den amerikanischen Finanzmärkten vorgefaselt. Eine Wohlstandsgemeinschaft der Völker um den Stillen Ozean? Kein Thema.

Es gab noch keinen furiosen Wirtschaftsaufschwung in Korea und Taiwan. Hongkong war Kronkolonie und Singapur ein englischer Stützpunkt. In Malaysia focht General Templer einen Guerillakrieg, und ehemalige Angehörige der Waffen-SS waren als Fremdenlegionäre in Dien Bien Phu für die Wiederherstellung der französischen Kolonialherrschaft tätig. Die Amerikaner als Anrainer des Stillen Ozeans interessierte das nicht besonders. Sie hatten gerade den Grundstein für eine deutsche Beteiligung am nordatlantischen Bündnis gelegt. Sie waren auf Europa fixiert.

In der Mitte der achtziger Jahre heißt es nun auf einmal: »Die Interessen der Vereinigten Staaten verlagern sich vom Atlantik in den Stillen Ozean. Das 21. Jahrhundert wird das pazifische Jahrhundert sein.«

Der Europäer liest und hört das während einer Reise durch die USA häufig. Die Prognose wird manchmal mit missionarischen Untertönen vorgetragen. Sie sind ein Echo des starken emotionellen Engagements amerikanischer Missionskirchen im alten China. Überspitzt führten sie zu der törichten Frage McCarthys: »Wer hat China verloren?« Die Erneuerung des Engagements auf einer anderen, auf einer technologischen, wirtschaftlichen, militärpolitischen Ebene kann uns nicht kaltlassen. Sollten die USA wirklich ihr Hauptaugenmerk von Europa auf Asien wenden, so würde das für die Bundesrepublik, für die NATO, für West- und Osteuropa die Frage nach einer Neuorientierung des Denkens aufwerfen.

Auf was gründet sich die Theorie von der Verlagerung der amerikanischen Interessen? Es gibt mehrere Antworten. Die einfachste wird durch einen Blick auf die Statistik erteilt. An den Küsten des Stillen Ozeans leben zwei Milliarden Menschen. Doppelt soviel wie um den Atlantik. Die Handelsströme über den Pazifik fließen mächtiger als die über den Atlantik. Vor einem Vierteljahrhundert betrug der Güteraustausch zwischen Amerika und Ostasien nur knapp die Hälfte des Handels zwischen den USA und Europa. Heute ist er um ein Viertel größer. Japan ist der bedeutendste Handelspartner der USA. Es ist zugleich deren größter Gläubiger geworden – eine Position, die man gewöhnlich und zu Unrecht den arabischen Golfstaaten zuschreibt.

Den Veränderungen der Perspektive liegt in der Tat vornehmlich der rasante Aufstieg Japans zugrunde. Was Produktionskraft, technologische Leistung und modernen Service angeht, so ist das Land der aufgehenden Sonne heute den Amerikanern dicht auf den Fersen und allen anderen voraus. Nur in der Sparte »militärische Sicherheit« liegt es weit hinten, und das wird von allen Nachbarn so gewollt.

Man vergesse angesichts der Verlagerung amerikanischer Interessen ins Becken des Stillen Ozeans nicht die Zunahme anderer wirtschaftlicher Gewichte in Asien. Die Aussicht auf einen Markt von einer Milliarde Chinesen ist wahrhaft verlockend. Und welche interessanten Möglichkeiten haben sich nicht für Investitionen in Korea, Taiwan, Hongkong und Singapur geboten!

Weniger leicht erklärbar ist, warum man in Amerika erst heute so häufig, und von den Neokonservativen ganz vehement, mit der Nase auf den Pazifik gestoßen wird, und früher nicht. Obwohl es doch schon vor fünfzehn Jahren vorausgesagt wurde, was sich heute an den Gegenküsten des Stillen Ozeans abspielt.

Man muß da wohl den Vietnam-Schock als Erklärung heranziehen. Er hat im Zusammenspiel mit den innenpolitischen Wirren der siebziger Jahre den klaren Blick der amerikanischen Öffentlichkeit für die Entwicklungen in Asien getrübt. Er hat sogar zeitweise zu einer Art von psychologischer Abkoppelung von Asien geführt. Während der Amtszeit von Präsident Carter wurde zum Beispiel die pazifische Flotte der USA zum Ersatzteillager der atlantischen degradiert. Aus Südkorea sollten die amerikanischen Truppen möglichst schnell heimwärts verschwinden. Von Taiwan wollte man die schützende Hand der USA abziehen. Erst heute sind die Amerikaner psychisch in der Lage, vor die granitne Namenstafel für 55000 Gefallene des Vietnamkrieges in Washington zu treten, sich an den Händen zu fassen und zu beten.

Den frühesten Anstoß zur Neueinschätzung der Rolle Ostasiens gab Präsident Nixon. Er befolgte als erster die Einsicht, daß die Konflikte zwischen den kommunistischen Bruderländern Asiens tiefer reichten, als die zwischen China und dem Westen oder zwischen der Sowjetunion und dem Westen. Vielleicht mußte einer am Pazifik geboren sein, um sich von den Fixierungen des in Europa entstandenen Kalten Krieges frei zu machen.

Wie richtig dieser Ansatz war, bewiesen zwei Ereignisse, die durchaus nicht unter der Kontrolle Amerikas verliefen. Gemeint sind die Öffnung Chinas unter Deng für ein liberalisiertes Wirtschaftssystem und die Besetzung Afghanistans durch sowjetische Truppen. Zusammen mit dem Aufstieg Japans zur beherrschenden Wirtschaftsmacht Asiens erheischten diese Ereignisse gebieterisch die Konzentration der USA auf Asien als den Platz großer kommender Veränderungen.

Wiederholen wir es noch einmal: Verglichen mit den Erschütterungen der vulkanischen Ränder des Stillen Ozeans seit Hiroshima hat sich auf der atlantischen Seite Amerikas nicht viel von Bedeutung zugetragen. Gott sei Dank. Die Teilung Deutschlands, die Blockierung der sowjetischen Expansion an der Elbe, der mühselige Bau einer europäischen Gemeinschaft – das sind alles weltpolitisch wichtige Fakten. Aber seit fünfzehn Jahren ist die Lage in Europa konsolidiert, wenn nicht gar beruhigt. Seit dem sowjetischen Einmarsch in die Tschechoslowakei und dem Berlin-Abkommen weiß jeder, wo der andere steht. Große Katastrophen drohen in der Welt nicht aus Europa. Mächtige Eingriffe ins Weltgetriebe auch nicht.

Ein Kenner der Macht wie der japanische Ministerpräsident Nakasone ist sogar davon überzeugt, daß sich die Sowjetunion in Europa in die Defensive gedrängt fühlt, während sie im Bereich des Stillen Ozeans noch auf Beute hofft.

Bei aller Achtung vor der Art, wie die amerikanische Diplomatie in Manila den Übergang von Präsident Marcos auf Frau Aquino bewerkstelligt hat – die Guerilla-Bewegung auf den Inseln der Philippinen ist sicher nicht ohne Nachhilfe Moskaus so lebendig. Nicaragua hat auch eine pazifische Küste, und sowjetische Kreuzer und U-Boote dürfen in den ehemals amerikanischen Marinestützpunkten von Vietnam auf gute Bedienung rechnen.

Ohne die gestaltende Kraft der USA wäre das jetzt um den Stillen Ozean herrschende Kräftegleichgewicht nicht denkbar gewesen. Mit der Wiederaufrichtung Japans nach dem Kriege unter dem Zeichen der Marktwirtschaft haben die USA eine Erfolgsstory geschrieben, auf die sie stolz sein dürfen. Sie haben in Korea, Taiwan, Hongkong und Singapur eine solide Wirtschaftspolitik begünstigt und geschützt. Das Modell ist in seiner Mischung von Vorteilen für die Bauernfamilie und industriellem Wachstum eine gelungene Demonstration. Wenn sie nicht sonst überall schon Beweise dafür geliefert hätte – in Asien hat die private Marktwirtschaft ihre Vorzüge gegenüber jeder Kommandowirtschaft klar bewiesen. Als Ganzes hat sie heute einen höheren Anteil an der Weltproduktion. Infolge des rapiden Wachstums der Wirtschaft am Stillen Ozean ging der Anteil der westlichen Marktwirtschaften am großen Kuchen relativ zurück. Aber was besagt das?

Die USA nahmen Risiken in Kauf. Zum Beispiel, daß ihre Partner am Pazifik zunächst westliche Techniken kopierten und billige Massenware exportierten. Die Löhne waren lächerlich niedrig, die Ansprüche gering. Doch das Blättchen hat sich gewendet. Nach einem Vierteljahrhundert westlicher Klagelieder über die konkurrenzlos niedrigen Preise für japanische Massenware beschwert man sich heute darüber, daß die Japaner nun das Beste vom Besten in großen Massen und auch noch preisgünstig exportieren. Ihre Löhne sind so hoch wie ihre Ansprüche und Lebenshaltungskosten. Die sozialen Bedingungen sind auch ohne Wohlfahrtsstaat nicht schlechter als im Westen; sofern die Ziffern der Einkommensverteilung, des Alphabetismus und der Kindersterblichkeit irgend etwas gelten, sind sie sogar besser.

Das Modell, das von den Japanern vorexerziert und dann von anderen übernommen wurde, fand zunächst den vollen Beifall der amerikanischen Lehrmeister.

Heute wird es von ihnen als bedrohliche Konkurrenz empfunden. Man hat die »kleinen« Japaner mit beinahe sportlichem Ehrgeiz aufsteigen sehen. Man half noch nach, indem man Produktionsstätten nach Asien verlegt und sich zu Haus mit Forschung und Entwicklung beschäftigt hat. Aber ohne kräftige Produktionsbasis schweben Forschung und Entwicklung im luftleeren Raum.

Die technologischen Hexereien der Japaner lösen infolge ihrer Kostenvorteile in Amerika Wellen des Protektionismus aus. Das führt zu schmerzlichen Druckstellen und Anpassungsblasen auf beiden Seiten. Gleiches gilt für das Verhältnis der Europäer zum Land der aufgehenden Sonne. Fühlen wir nicht mit dem portugiesischen Unterhändler, der die japanischen Handelsbeamten beschwört, mehr Portwein und Stockfisch zuzulassen? Und wird unser Mitgefühl etwa schwächer, wenn wir lesen, daß die gleiche Forderung durch eine portugiesische Gesandtschaft bereits früher erhoben wurde, nämlich im Jahre des Heils 1542? Eine gemischte japanisch-amerikanische Kommission fand in ihrem offiziellen Bericht bereits 1982, daß der japanische Markt tatsächlich offener ist als der der meisten anderen Länder. Er ist nur schwieriger für den Außenseiter, weil er eben japanisch ist.

Das Weiße Haus in Washington bemüht sich verzweifelt um die Abwehr unvernünftiger Schutz- und Subventionsforderungen der eigenen Industrie; die Regierung in Tokio drängt auf den Abbau stiller Import-Restriktionen bei ihrer eigenen Bürokratie. Dennoch – die Reibungen bleiben beträchtlich.

Das hält aber die Japaner nicht davon ab, amerikanische Schatzscheine zu kaufen als gelte es ihr Leben. Sie vermindern dadurch das Defizit in der amerikanischen Zahlungsbilanz. Sie nennen es »die Gegenleistung« dafür, daß sie nur knapp über ein Prozent ihres Sozialprodukts für ihre Verteidigung aufwenden müssen. Den Löwenanteil trägt Onkel Sam. All das schafft Friktionen, die unbequem, und Abhängigkeiten, die ungemütlich sind.

Dennoch bleibt unter dem Strich bisher ein gewaltiger Gewinn für beide erkennbar: nämlich sichere Wege zur Befriedigung der japanischen Rohstoff-Bedürfnisse; gegenseitige Befruchtung in der Hochtechnologie; Verflechtungen durch Investitionen hin und her über den Stillen Ozean; und schließlich und endlich das Gefühl, etwaigen militärpolitischen Bedrohungen ein formidables Doppelgespann entgegensetzen zu können.

Manche meiner Gesprächspartner in der Neuen Welt schwärmten von den Aussichten auf das pazifische Zeitalter. Einige verglichen die elegante Leichenstarre Europas mit der Vitalität der Völker um den Stillen Ozean. Nach »Libyen« wurden bei denen auf der rechten Seite des politischen Spektrums drohende Untertöne hörbar, etwa der Art: »Wenn die Europäer ihre Verpflichtungen ignorieren und Knüppel in die Räder des amerikanischen Streitwagens stecken, wenn ihre christlichen Sozialisten in Nicaragua die Leninisten gegen uns unterstützen – dann wird die Verlagerung der amerikanischen Interessen in den pazifischen Raum forciert. Die Europäer haben es sich selbst zuzuschreiben, wenn sie im Regen stehen bleiben.«

Man muß das nicht zu ernst nehmen. Bis zum Ende dieses Jahrhunderts werden wohl der Schutz des Atlantik und die Sicherung Berlins ein Axiom der amerikanischen Weltpolitik bleiben. Gleichwertig wird sich allerdings mit der Zeit das Bedürfnis herausstellen, die beträchtlichen Konfliktstoffe im pazifischen Raum in einem soliden Sicherheitssystem aufzufangen. Dieses muß zum Beispiel die »Kubanisierung« des Isthmus zwischen Atlantik und Pazifik verhindern. Und es soll ein System der Bündnisse von Demokraten werden – Demokratien verschiedener Farbe und unterschiedlicher Intensität, aber dadurch sich ähnelnd, daß sie intern keine Schwierigkeiten bei der Ablösung ihrer Regierung durch eine loyale Opposition haben.

Was dann im nächsten Jahrtausend kommt – wer weiß es schon? Die Verteidigung im Weltraum, sollte sie sich bis dahin als möglich herausstellen, wird keinen Unterschied zwischen der atlantischen und der pazifischen Seite Amerikas machen. Der Globus ist rund, und die Neue Welt ist eine Insel, die in alle Himmelsrichtungen Ausschau hält.

Das Sicherheitssystem im Pazifik, von dem eben die Rede war, muß natürlich in erster Linie von den Amerikanern mit Hilfe Japans zustande gebracht werden. Es wird aber unvernetzt mit dem nordatlantischen Bündnis nur halb soviel wert sein. Militärisch ist Amerika Bindeglied und Rückgrat des existierenden europäischen und des erhofften pazifischen Sicherheitsbündnisses. Wirtschaftlich zielt der Kurs auf engere Verflechtung der Märkte und, soweit sie den Handel beeinflussen, harmonisierte Staatsstrukturen. Eine Fortsetzung dieses Kurses ist ohne Amerika ganz undenkbar, mit Amerika aussichtsreich; ohne die europäischen Mächte ein Torso, mit ihnen mehr als nur ein frommer Wunsch. Doch heißt es, unseren Denkansatz umzustülpen. Wir werden uns künftig Ostasien vornehmlich auf dem Umweg über Amerika nähern. Die Kinder mit den japanischen Augen, die im ehemals russischen Fort Ross, nördlich von San Francisco, auf den Kanonen reiten, werden uns dabei eines Tages hilfreich sein.

Jenseits der Datumsgrenze

Der Stille Ozean wird kein amerikanischer Binnensee werden. Seine Größe, die Vielfalt der Sprachen und Religionen an seinen Küsten, die Bevölkerungsverteilung ringsum stehen dem entgegen. Noch auf lange Zeit wird der Finanzmarkt San Francisco trotz seiner asiatischen Einsprengsel näher an Zürich liegen als an Tokio. Schon des Datums wegen.

Es ist jedoch der amerikanische Ansporn und Schutz, der die fernöstlichen Marktwirtschaften in den letzten vierzig Jahren von einem Erfolg zum anderen geführt hat. Letztlich beruhen darauf die Verschiebungen im weltwirtschaftlichen Gravitationszentrum der Erdregionen. Die Bewegung verläuft weg vom Atlantik und hin zum Pazifik. Sie ist innerhalb Amerikas deutlich erkennbar. Sie wird sich noch beschleunigen, wenn erst einmal Rotchina mit dem Magnetismus einer gewinnorientierten Wirtschaft von der Gegenküste her an der Entwicklung teilnimmt. Die Vitalität der Region wird auf die Dritte, die unterentwickelte Welt ausstrahlen. Vielleicht wird man eines Tages vergessen haben, daß der Anstoß zu alledem von Amerika ausging.

Keinesfalls wird der fernöstliche Rand des Pazifik bis in alle Lebensbereiche hinein so von amerikanischem Geist durchdrungen werden, wie es zum Beispiel in der Bundesrepublik nach 1945 geschah. Es empfiehlt sich deshalb, die eigentümlich asiatischen Elemente hervorzuheben, die dem bereits in Umrissen erkennbaren pazifischen Wirtschafts- und Sicherheitssystem ihre besondere Note geben.

Einigung und Wiederaufstieg Chinas müssen als erstes erwähnt werden. Das Reich der Mitte nimmt wieder seinen historischen Platz ein. Er läßt sich noch nicht in geopolitischen oder wirtschaftsgeographischen Begriffen beschreiben. Die Ostasiaten haben jedoch in China wieder ihren kulturellen Richtpunkt gefunden. Wenn man von Vietnam absieht, so sind sich die Völker in dem Bogen von Korea über Japan und Taiwan bis Singapur ihrer geistigen Abkunft von China höchst bewußt. Gemäß dem traditionellen konfuzianischen Lehrer-Schüler-Verhältnis bewahren sie der kulturellen Lehrmacht eine über die Jahrhunderte währende Dankbarkeit. Philosophie, Schrift, Heilkunde und die Sitte der Ahnenverehrung legen Zeugnis davon ab.

Man mag die Worte, die einer spricht, nicht verstehen, aber infolge der hohen literarischen Bildung der Ostasiaten kann die chinesische Schrift als *lingua franca* dienen, wie es einst bei uns das Latein tat. Ein Chinese aus Peking kann einen Landsmann aus Kanton gewöhnlich nicht verstehen. Daß man sich in diesem Fall mit Leichtigkeit schriftlich verständigen kann, habe ich selbst erlebt, als ich in Taiwan vor Jahren zu einem Interview mit Tschiang Kai-schek in seine Sommerresidenz bestellt war; wir hielten kurz vor dem Ziel unschlüssig an einer Kreuzung. Unser Regierungs-Dolmetscher stammte, wie die meisten Kuomintang, aus dem Norden des Festlands und legte einem der kantonesisch sprechenden Taiwanesen die Frage nach dem richtigen Weg schriftlich vor. Schriftlich bekam er die richtige Auskunft.

Eine Nebenbemerkung: Tschiang Kai-schek sprach keine westliche Sprache – im Gegensatz zu seinem Sohn und Nachfolger in der Präsidentschaft, der während seines langen Aufenthalts in Moskau Russisch gelernt hat, und einem anderen Sohn, der geläufig das Deutsch der Offizierskasinos spricht. Tschiang soll, als er noch Regierungschef in Nangking war, bei seiner Frau Englischstunden genommen haben. Sie war eine der drei schönen Töchter von Sun Yat-sen, des Gründers der chinesischen Republik; sie war ein überaus charmantes Geschöpf und liebte den Schabernack. Als sich nach einigen Unterrichtsstunden der General dazu überreden ließ, den britischen Botschafter in dessen Sprache anzureden, kam als Begrüßung aus Tschiangs Munde: Kiss me, darling.

Es gelang dem Botschafter, seine Gesichtsmuskeln zu beherrschen. Wie bezaubernd Frau Tschiang Kai-schek doch gewesen ist! Trotz seines peinlichen Verlusts an Gesicht saß sie noch dreißig Jahre später an der Seite des Generalissimus und dolmetschte seine Unterhaltung mit mir.

Die kulturelle Erbschaft ist einer der Gründe für die

psychologische Dominanz der Chinesen bei den asiatischen Völkern. Natürlich spielt auch die Bewunderung dafür mit, daß China sich sowohl von japanischer als auch von sowjetischer Kontrolle frei gemacht hat und den Amerikanern gegenüber immer wieder auf Distanz geht. Daß die Chinesen sich nicht dreinreden lassen, daß sie innerhalb von fünfunddreißig Jahren ihr von Hungersnöten geplagtes Land zum Selbstversorger gemacht haben, daß sie die Schwenkung zum Profitdenken ohne schwere soziale Erschütterungen vornehmen und überhaupt, daß sie eine starre Ideologie so geschmeidig umzuwandeln verstehen – das verschafft der Regierung in Peking ihr hohes Ansehen außerhalb der Grenzen Rotchinas. Eine Milliarde Menschen heute und bald nach der Jahrhundertwende anderthalb – dieser lockende Massenmarkt übt auf die Phantasie von Leuten, die weit weg vom Pazifik wohnen, eine magnetische Wirkung aus. Eine solche Zahl ist schon Grund genug für den Nimbus, dessen sich die Chinesen Dengs jetzt erfreuen.

Ob dieser Nimbus anhält, wenn Deng nicht mehr ist? Seit dem Tode Maos sind nur zehn Jahre verflossen. In dieser Zeit wurde die Viererbande gestürzt, die Verfassung revidiert, die lebenslange Amtsdauer der Funktionäre abgeschafft. Die ideologische Zwangsjacke wurde gelockert. Statt der Überkonzentration von Macht in den Händen der Bürokratie nun der Versuch von Dezentralisierung in der Verwaltung. Statt wirtschaftlicher Isolation nun Einfuhr japanischer Technik und Öffnung für westliche Formen des Managements.

Für zehn Jahre eine gute Bilanz. Sie sähe besser aus, wenn sich die vorgesehene Selbständigkeit der Betriebe gegen die immer noch im alten Kommandogeist arbeitenden Planungs- und Verwaltungshierarchien durchsetzen könnte. Sie kann es bisher nicht. Der Reformkurs mußte abgebrochen oder ausgesetzt werden, als die Wirtschaft Zeichen der Überhitzung zeigte.

Sind die dabei ins Kraut geschossenen Fehlentwicklungen in Wirtschaft und öffentlichem Leben eine Folge des Reformkurses oder eine Folge des hartnäckigen »Festhaltens am Alten«? Darum geht jetzt der Streit. Er erregt China von den Reiswurzeln bis in die höchsten Führungsgremien. Deng selbst fachte die Debatte im Sommer 1986 mit der Forderung nach einer neuen Phase des Reformprozesses an.

Er verlangt nicht mehr und nicht weniger, als daß die Mandarine der Republik sich von einem Teil ihrer Macht trennen. Staatsbehörden und Parteifunktionäre sollen auseinanderrücken, die letzteren sollen durch Wahlen bestätigt und periodisch ausgewechselt werden. Vergleicht man diese Absicht mit dem herkömmlichen System der Selbstergänzung kommunistischer Kader, dann ist das eine schlimme, wenn nicht die schlimmste Häresie!

Nachdem der politische Überbau hinter der rasanten Entwicklung von Produktion und Wirtschaft zurückgeblieben ist, zielt die Reform auf ein effizientes politisches System mit einem hohen Maß an Demokratie, akademischer Freiheit und einem umfassenden Rechtssystem. Die politische Struktur behält den Namen »sozialistisch«, aber wieweit sie diesen Namen noch verdient, wenn die »verbotenen Zonen« der politischen Diskussion auf allen Ebenen aufgehoben sind, weiß niemand. Was kann nicht alles geschehen, wenn öffentlich Betrachtungen über die Auswüchse und Einschränkungen der Macht angestellt werden sollen? Wenn von Gewaltenteilung zwischen Legislative, Exekutive und Gerichten die Rede ist und sogar das System des sozialistischen Staatseigentums in Frage gestellt werden darf!

Wer wird diesen Reformprozeß durchpeitschen, wenn eines nicht allzu fernen Tages Deng die Bühne verlassen hat? Es ist eines der großen Fragezeichen, die hinter alle Spekulationen über die Zukunft des chinesischen Einflusses auf die Entwicklungen im Becken des Stillen Ozeans gesetzt werden müssen. Erschütterungen, die von einer erneuten Umwälzung im Inneren Chinas ausgehen könnten, sind wahrscheinlicher als spektakuläre außenpolitische Frontwechsel. Wer dem Drachen nicht traut, der kann doch nicht leugnen, daß sich Dengs Regierung einer konstanten außenpolitischen Mäßigung befleißigt, keine kurzfristigen Vorteile durch Schaukeln zwischen der Sowjetunion und den USA sucht und ihre Ansprüche auf Gebiete unter ehemals chinesischer Souveränität in engen Grenzen hält. Das nimmt unter pragmatischen Völkern für China ein.

Die Probe aufs Exempel ist die Behandlung von Hongkong. Vor der »Gemeinsamen Erklärung« Chinas und Großbritanniens über die Zukunft der Kronkolonie nach 1997 fand der Besucher Schlangen vor den Konsulaten,

Tausende von leerstehenden Wohnungen, einen an Wert verlierenden Dollar, eine mutlose Börse. Altangesehene Firmen verlegten ihren Geschäftssitz nach den Bermudas. Die fünfeinhalb Millionen Einwohner der hochgebauten Stadt – die Hälfte davon Flüchtlinge aus Rotchina – sahen in den zwölf verbleibenden Jahren bis 1997 nur »interessante« Zeiten und danach die Eingliederung und Unterdrückung im großen Kommando- und Interventionsstaat.

Daß sich seit der »Gemeinsamen Erklärung« etwas geändert hat, ist mit Händen zu greifen. Die Chinesen Hongkongs haben wieder Mut gefaßt. Mehr Wohnungen werden gekauft, der Dollar ist stabil, die Börse eher freundlich, die Schlangen vor den Konsulaten haben sich aufgelöst. Bänglich rätselt man natürlich noch darüber, wie das Gremium aussieht, das die Interessen der Hongkonger Bürger in Zukunft gegenüber der Zentralregierung wahrnehmen soll, wie sich die Ablösung der Schottenröcke und Gurkha-Feldmützen durch Verbände der Volksbefreiungsarmee vollziehen wird, und ob wirklich Kinder von Hongkongchinesen mit britischen Pässen ihre angenehme Staatsangehörigkeit verlieren, sofern sie nach 1997 das Licht der Welt in Sichtweite des Peak erblicken.

Die vorherrschende Meinung ist jedoch, daß die Volksrepublik auch im nächsten Jahrhundert die Dienste eines gut organisierten Handels- und Finanz-Umschlagplatzes nicht entbehren möchte, und daß die von Deng entfesselten Kräfte des Kapitalismus eher für eine weitere Dezentralisierung sorgen werden. Immer vorausgesetzt, die Ablösung der alten Garde Maos in Partei und Wirtschaftsbürokratie ist radikal genug und die Armee bekommt keine Sehnsucht nach den politischen Privilegien, deren sie sich zu Zeiten Maos erfreute.

Die Behandlung Hongkongs ist ein Prüfstein für die Beurteilung der zukünftigen Haltung Rotchinas gegenüber Taiwan. Hongkong kann der Pfeiler einer goldenen Brücke werden, über die die ehemalige Inselprovinz heim ins große Mutterreich geführt wird.

Wer eine Prognose wagt, muß eine lange Vergangenheit in Rechnung stellen. Die geistige Erbschaft des Westens ist der Konflikt, der Wettbewerb, die Konfrontation – materiell und ideologisch. Es ist diese ganz unasiatische Reihe von Eigenheiten des Westens, die China mit den Lehren von Marx übernahm: Unduldsamkeit, Rechthaberei, unversöhnlicher Dogmatismus. Dem spannungsgeladenen Charakter von Mao kam das entgegen – der pragmatischen Art seiner Landsleute aber wurde damit eine Zwangsjacke übergestülpt, in der sie sich nicht wohlfühlen. Was von Chinas Gesellschaftskultur traditionell auf die Nachbarn abstrahlt, ist eher die Suche nach Konsens und Harmonie, nicht nach Konflikt und Konfrontation.

Die Suche nach Konsens statt nach Konfrontation bezeichnet nicht nur die Ordnung im Inneren, sondern auch das Verhältnis der Völker Ostasiens untereinander. Dengs geschmeidige Diplomatie kann als eine späte Widerspiegelung konfuzianischer Grundsätze verstanden werden. Ohne es auszusprechen, will sie die Wiederherstellung der himmlischen Ordnung – mit China in der Mitte, aber ohne den Kaiser von China als Mittler zwischen Menschen und Göttern und natürlich ohne einen philosophischen Chaoten wie Mao.

Irgendwie scheint Japan nicht in diesen Rahmen hineinzupassen. Es genügt, daran zu erinnern, daß vor vierzig Jahren die volkreiche Hälfte von China und alle asiatischen Randgebiete des Pazifik bis vor die Tore Australiens von japanischen Truppen besetzt und von der japanischen Kriegsanstrengung wirtschaftlich in Dienst genommen waren. Das ist mit all seinen grausamen Begleiterscheinungen bei den Völkern Asiens unvergessen.

Die Erinnerung daran wird durch die Wirtschaftsexpansion Japans während der letzten dreißig Jahre wachgehalten. Und zwar in viel stärkerem Maße, als etwa das deutsche Wirtschaftswunder nach dem Kriege unseren europäischen Nachbarn Anlaß zu alarmierten Betrachtungen über eine erneute Bedrohung gegeben hat. Die Bundesrepublik und die DDR sind in ihre jeweiligen politischen und wirtschaftlichen Systeme voll integriert. Japan dagegen ist seiner näheren (und längst auch ferneren) Umgebung technologisch weit voraus und als Wirtschaftsmacht weit überlegen. Es hat das Trauma der Teilung nicht verkraften müssen, sondern ist aus Niederlage und Besatzungszeit als ein Ganzes hervorgegangen, emotionell zusammengehalten durch den Tenno und den unter allen westlichen Verkleidungen durchschimmernden Schintoismus. Beide sind nicht nur der besondere, mächtige Kitt, sie sorgen auch dafür, daß sich der Japaner nach wie vor als Angehöriger einer herausgehobenen, unvergleichbaren Gemeinschaft fühlt.

Das japanische Volk strebt nicht nach Integration in seine Umgebung, wie es der Deutschen geheimster Wunsch ist; es bevorzugt die Zurückhaltung und Isolation und sieht sich als jemanden, dem die Geschichte eines Tages schon noch recht geben wird. Weshalb denn auch in japanischen Augen wenig Anlaß besteht, sich bci den asiatischen Nachbarn für die Brutalitäten während des Krieges und zuvor zu entschuldigen. Versöhnungsszenen à la Bitburg kämen keinem japanischen Bedürfnis entgegen. Wenn ein japanischer Minister den Koreanern bescheinigt, sie hätten im Grunde genommen die Annexion durch Japan selbst betrieben, so wird er zwar angesichts der Empörung in Korea von Nakasone, der sich für ihn entschuldigt, Knall und Fall entlassen – die Reaktion in der japanischen Bevölkerung läßt aber darauf schließen, daß der Minister – ein Erziehungsminister auch noch – dem Lande aus der Seele gesprochen hat. Eine Andeutung von Bedauern in der Tischrede des Tenno beim Besuch des südkoreanischen Präsidenten ist das äußerste Zugeständnis an die Gefühle der anderen. Außerdem gilt für den Japaner der Satz: Die alten Rechnungen aus Kriegs- und Vorkriegszeiten sind durch die Atombombe gegen japanische Städte mehr als ausgeglichen.

Diese stille Anmaßung kompensiert das »low profile«, das die Japaner in ihren politischen Beziehungen mit der Außenwelt seit vierzig Jahren pflegen. Außer auf die

Rückgabe der vier Kurilen-Inseln, welche sich die Sowjetunion nach dem Eintritt in den Krieg gegen einen bereits geschlagenen Gegner einverleibte, hat Japan seit Jahrzehnten keine politischen Forderungen erhoben. Es verzichtet darauf, in den Vereinten Nationen laut zu reden, es erhebt seine Stimme kaum im Rat der westlichen Industriemächte, dem es kraft seiner Wirtschaftsmacht angehört. Es verbindet keine politische Einflußnahme mit der Hergabe von Wirtschafts- und Entwicklungshilfe. Weitgespannte außenpolitische Zielvorstellungen, wie sie etwa ein russischer Funktionär für selbstverständlich halten würde, sind dem japanischen Politiker fremd; die Zukunft wird unter dem Gesichtspunkt der technologisch-wirtschaftlichen Entwicklung gesehen – nicht als eine Dimension, in der ein Volk seinen Machtbereich ausdehnt.

Das war einmal. Der verlorene Krieg im Pazifik hat die außenpolitische Abstinenz Japans bewirkt. Es hält sich, so weit das zu machen ist, an die von MacArthur inspirierten Verfassungsbestimmungen gegen die Aufstellung einer großen Wehrmacht; daß es Selbstschutzkräfte gibt, ist nicht ganz konsequent, aber selbst ein Führer der japanischen Sozialisten weiß da einen Ausweg: »Sie sind zwar verfassungswidrig, aber genügen den Gesetzen.«

Die Selbstverteidigungskräfte umfassen eine Viertelmillion Mann – ein Sechstel dessen, was Süd- und Nordkorea unter den Waffen halten; das Wehrbudget ist auf ein Prozent des Brutto-Sozialprodukts limitiert. Das ist an sich nicht ganz wenig, aber als Japans Beitrag zur Sicherheit im westlichen Pazifik genügt es nicht. Ministerpräsident Nakasone bemüht sich darum, die Ein-Prozent-Klausel zu unterlaufen. Bisher mit geringem Erfolg. Nach Ansicht der Amerikaner müßte Japan zum Ausgleich seiner Exportüberschüsse mehr Mittel in die Verteidigung investieren und den Amerikanern etwas von ihrer Bürde im Nordpazifik abnehmen, beziehungsweise durch Käufe amerikanischer Ausrüstungen das hohe Leistungsdefizit der USA vermindern.

Aber statt mehr Verteidigungsanstrengungen wollen den Japanern nur steigende Exportüberschüsse vis-à-vis den USA gelingen. Es ist ihnen bewußt, wie gut sie bisher mit der stillen Einordnung in die Pax Americana pacifica gefahren sind – zumal sie sich ja durch die immer schneller fortschreitende wirtschaftliche Verflechtung mit den USA vor einseitigen und einsamen Entschlüssen des Weißen Hauses in Washington geschützt glauben können. Diese Verflechtung und Partnerschaft ist so weit fortgeschritten, daß sich sowohl Tokio als auch Washington vor jeder auch nur mittelwichtigen Entscheidung über ihre mutmaßlichen Folgen für den Partner Rechenschaft ablegen müssen. Rein nationale Interessen sind ohne Zustimmung der Regierung auf der anderen Seite des Ozeans nicht mehr durchsetzbar. Die Streitigkeiten über den zu starken Yen und die in amerikanischer Sicht nicht genügend angekurbelte Binnenkonjunktur Japans unterstreichen nur, wie eng und stark geknüpft die Bande bereits sind.

Die Japaner sehen sich gern als Besonderheit der

Schöpfung und als eine unvergleichliche Nation. Ihren asiatischen Nachbarn sind sie traditionell nicht geheuer. Bei denen fehlt es aber nicht an Bewunderung für die japanische Fähigkeit, den Westen mit Robotern, Mikrochips und Laser-Optik, also mit dem Einsatz seiner eigenen Technologie, auszustechen. Der Westen hat lange Jahrzehnte hindurch die Japaner als Hersteller billiger Kopien der westlichen Technik abqualifiziert. Wir sind erst reichlich spät zu der Erkenntnis gekommen, daß sehr viel mehr hinter dem japanischen Wirtschaftswunder steckt.

Manche Japan-Besucher der letzten Jahre schießen allerdings über das Ziel hinaus, wenn sie dem Land der aufgehenden Sonne geradezu übermenschliche Fähigkeiten zum Beispiel im Bereich der Hochtechnologie zuschreiben. Auf diesem Feld sind die Japaner wahrscheinlich mehr in der Anwendung als in der Weiterentwicklung originell. Wo es auf eine ökonomisch profitable Massenproduktion ankommt (Stahl, Automobile, Fernsehapparate, Transistoren, Chips) haben sie die Amerikaner und die Europäer deutlich überrundet. Das ist aber keineswegs auf allen Gebieten der Fall. In der Rüstung, Flugzeugindustrie, Satelliten-Technik und Raumfahrt liegt die japanische Industrie auf den hinteren Plätzen. Auch deshalb natürlich, weil die USA den einseitigen Abfluß militärisch relevanter Technologie nach Japan nicht gerade fördern. Wo immer Japan auf hohe Importe von Energie oder Rohstoffen, zum Beispiel der Petrochemie, angewiesen ist, bleibt es im zweiten Glied. Erst seit kurzer Zeit zeichnet sich der Anschluß an die amerikanische Spitzenstellung in der Informatik ab. Beim Computer (außer dem Sprach-Dolmetscher), in der Büro-Automation und Kommunikationstechnik liegt der japanische Akzent mehr auf Hardware – den Dingen, deren Produktion man geschickt organisiert – als auf Software, also den Programmen, vermittels derer die Hardware lebendig wird. Es sind jedoch Programme, die das wirtschaftliche Öl des 21. Jahrhunderts bilden werden.

Man muß nicht auf die geringe Zahl japanischer Nobelpreisträger (4) in den Naturwissenschaften hinweisen, verglichen mit den 158 amerikanischen. Es genügt, in die Rechnung den Umstand einzusetzen, daß Japan ein industrieller Spätzünder ist, der immer aufholen muß. Die japanische Neigung zu Gruppen-Entscheidungen schließt ein wichtiges Element der Hochtechnologie aus: die radikal neue Idee. Die Forschung ist sehr zweckbestimmt und wird finanziell von den Großkonzernen getragen. Die auf japanischen Universitäten betriebene Forschung ist nur mäßig finanziert und geht unter der Kontrolle alter Hierarchien vor sich. Wie denn überhaupt die Hochschätzung des Alters, so vorzüglich sie auf allen anderen Gebieten sein mag, technologische Durchbrüche eher behindert. Das Senioritätssystem, zusammen mit der lebenslangen Beschäftigung in ein und derselben Firma, ist erfinderischen Talenten nicht so günstig wie der rauhe Wettbewerb in den USA.

Vermutlich irren wir uns auch, wenn wir nur gebannt auf die Japaner als einsame Spitze im technologischen

Fortschritt schauen. Sie sind ganz gewiß die mächtige Lokomotive in den Wirtschaftskonjunkturen des Fernen Ostens, aber was sie nach sich ziehen, ist von mindestens ebensolcher Bedeutung. Korea, Taiwan, Hongkong, Singapur und neuerdings Rotchina – das ist eine Region von tausendzweihundert Millionen Menschen, die mit Variationen dem japanischen Beispiel folgen. Es wird immer wichtiger, herauszufinden, welche gemeinsamen Trieb- und Zugkräfte da am Werke sind.

Was die asiatischen Anrainer des Pazifischen Ozeans am auffälligsten gemeinsam haben, ist eine florierende Landwirtschaft. Sie ernährt mehr als eine Milliarde Menschen reichlich. Sie wirft sogar noch Überschüsse ab. Ich weiß nicht, wer da am meisten zu bewundern ist: die Chinesen, die hundert Jahre lang in einer ständigen Agrarkrise steckten, oder die Japaner mit ihren geringen Landreserven. In beiden Fällen, wenn auch auf grundverschiedene Weise, wurden überalterte Besitzstrukturen geändert und neuartige Technologien eingeführt – bei den Japanern mehr das letztere, in China das erstere. In beiden Fällen, und ebenso in Korea und Taiwan, blieb der Familienbetrieb mit einer Durchschnittsgröße von zehn Morgen das Grundelement. Wobei anzumerken ist, daß die chinesische Kollektivierung dem Bauern viel mehr gab als nahm. Sie zerriß nämlich nicht das Familieninteresse an guten Erträgen. Überhaupt ist das Geheimnis einer florierenden Agrarwirtschaft die persönliche Motivation des Bauern; ein Plantagen- oder Sowchosensystem schafft das nicht. Der Anbau von Reis erfordert viel geduldige und intensive Einzelarbeit; er kann die Nahrungsbasis einer dichten Bevölkerung nur sein, wenn die Familie einen Nutzen sieht.

Das sowjetrussische Vorbild wurde bis zur Unkenntlichkeit modifiziert, als das chinesische System die Städter nicht bevorzugte, sondern im Gegenteil sogar – wenn auch mit vielen Mißerfolgen – zusätzliche Industrie aufs Land verpflanzte. Die Steuern, die der chinesische Dörfler zahlte, sanken von 1952 bis 1973 auf die Hälfte. Lenin hatte die »Schere« angewandt, das heißt, dem städtischen Arbeiter die Nahrungsmittel künstlich verbilligt, dem Bauern die Maschinerie und Düngemittel künstlich verteuert. Zwischen diesen Schneiden der Schere wurde die russische Landwirtschaft in die Zwangswirtschaft und damit in einen Zustand jahrzehntelanger Stagnation getrieben. Ostasien weiß zu lernen. Es scherte andere, aber nicht seine Bauern.

Der behutsame Umgang der Regierungen mit dem Land und seinen Bebauern unterscheidet auf den ersten Blick die Ostasiatische Wohlstandssphäre – nun ist das Wort trotz widriger Erinnerungen heraus – von Afrika und weiten Teilen Südamerikas. Das schließt natürlich auch in Ostasien den Bevölkerungsdruck und die Landflucht als schwierige Probleme nicht aus. Kein Wunder, wenn man bedenkt, daß in der ganzen Region nur fünfzehn Prozent des Landes bebaubar sind.

Die südkoreanische Hauptstadt Seoul beherbergt heute ein Viertel der Bevölkerung des Landes – fast zehn Millionen Menschen –, und niemand wird diesem Konglomerat besondere Reize andichten. Aber die asiatischen Großstädte sind nicht wie Lagos oder Mexiko City oder São Paulo maßlos gewachsen und haben dem Land unlösbare Probleme aufgebürdet. Die Regierungen in Tokio, Seoul und Taipeh – auch die in Peking übrigens – behielten immer im Auge, daß ihre Kraft auf die Dauer nur so weit reicht, wie der konservative Bauer sie unterstützt. Bauernrevolutionen in Ostasien, deren es ja genug gegeben hat, sollten deshalb nicht den Bauern zum Fabrikarbeiter machen, sondern die politischen Fehler der Städter-Regierungen korrigieren und eine gerechte Ordnung des Landes und auf dem Lande wiederherstellen.

Es ist ein Vergnügen, während der Pflanzzeit von Reis oder der Ernte von Ginseng dem Geschehen zuzusehen, während von den Hügeln der liebenswürdigen koreanischen Landschaft die Geister der Verstorbenen herabblicken. Man verspürt da eine Solidarität des Daseins, die anderswo verlorengegangen ist. Die Regierungen wissen, wer sie wählt, und tun deshalb das ihre dazu, die traditionellen Arbeits- und Umgangsweisen in den Dörfern zu fördern – was den Besitz einer hohen Fernsehantenne natürlich nicht ausschließt. Denkt man an die Zuckerplantagen Perus und die Weinfelder Chiles auf der anderen Seite des Stillen Ozeans, so wird der Unterschied in der Stabilität recht augenfällig.

Vor dem Hintergrund einer prosperierenden Agrarstruktur wird das hohe gleichmäßige und beständige Wachstum besser verständlich, das die Volkswirtschaften der Region vor allem auszeichnet. Die Wachstumsraten lagen zwanzig Jahre lang doppelt so hoch wie in Europa oder Amerika. Wodurch kommen sie zustande? Vielleicht durch das Fehlen einer zentralen Planung.

Der Staat kommt in Ostasien mit einer numerisch kleinen, aber qualifizierten und hochgeachteten Elite von Bürokraten aus. Das gilt ganz besonders für Japan. Die Regierung setzt der Wirtschaft einen Rahmen und sorgt für die Infrastruktur – sie kümmert sich nicht um jeden Dreck. Die Riesen-Konzerne und Handelshäuser lassen sich auch gar nicht dreinreden.

»MITI«, das japanische Wirtschaftsministerium, lenkt volkswirtschaftlich wünschenswerte Investitionen nicht direkt und nicht durch Subventionen, sondern allenfalls durch gezielte Steuer- oder Krediterleichterungen. Der Verbraucher-Kredit wurde bisher künstlich eingeschränkt zugunsten der Geschäftsfinanzierung. In den Vereinigten Staaten ist das Kapital, das zum Kauf neuer Maschinen gebraucht wird, doppelt so teuer wie in Japan. Dort haben die Firmen lange Zeit real nur zwischen sechs und zehn Prozent Kapitalzinsen bezahlt; in den USA waren es dreizehn bis zwanzig Prozent. Bei den hohen Spar-Raten der japanischen Bevölkerung lagen die Kosten der Finanzierung der japanischen Industrie gewöhnlich um zwanzig Prozent niedriger als in den USA. So ist es denn auch kein Wunder, daß die Arbeitsstunde in Amerika sechs Dollar mehr kostet als in Japan und daß ein Auto in Nagoya für fast zweitausend Dollar weniger produziert wird als in Detroit.

Das kann sich natürlich auch wieder ändern, wenn der

Begriff CIM – computer-integrated manufacturing – aus der Geheimsprache der Ingenieure in die Umgangssprache gesickert ist und uns verblüfft merken läßt, daß in Amerika nicht geschlafen wird. General Motors hat während der letzten fünf Jahre vierzig Milliarden Dollar in CIM-Werke investiert. Sie unterscheiden sich von den herkömmlichen Fertigungsstätten dadurch, daß neben den Automaten und Robotern auch alle personellen und organisatorischen Funktionen programmiert sind, von der Planung über die Finanzierung bis zur Auslieferung, so daß die Anlagen ihren Breakeven-Punkt* bereits bei 35 Prozent Nutzung erreichen.

Das Gewusel kleiner, spezialisierter Hinterhoffirmen (das sich neuerdings auch in China in den Ritzen und Nischen der Planwirtschaft ansiedelt) verleiht der ostasiatischen Wirtschaft die besondere Flexibilität, mit der sie immer neue Lagen meistert. Zwischen Großbetrieb und Zunfthandwerk gibt es gleitende Übergänge sämtlicher Produktionsformen. Ein Blick auf die Straßenmärkte in Hongkong oder Seoul zeigt, was damit ausgerichtet werden kann. Die europäischen und amerikanischen Textilindustrien konnten als erste ein Lied davon singen. Wir wissen, daß es nicht die letzten Industrien des Westens sind, die infolge der gesunden Konkurrenz und Tüchtigkeit der asiatischen Anrainer des Stillen Ozeans »interessanten Zeiten« entgegengehen. Der Trend zum Pazifik besteht, so gesehen, nicht aus einer Völker –, sondern ei-

* Schnittpunkt zwischen Gewinn- und Verlustzone

ner Güterwanderung; die Gewichte der industriellen Zivilisation verlagern sich in die Gebiete, in denen die günstigsten Bedingungen herrschen.

Die Länder der asiatisch-pazifischen Region, denen es wirtschaftlich am schlechtesten geht, erkennt man daran, daß sie sich ihres Sozialismus rühmen: Nordkorea, Vietnam, Laos, Kambodscha, die Volksrepublik China unter Mao. Schnelles wirtschaftliches Wachstum und Erfolge im Wohlstand finden sich überall, wo man Marktwirtschaft betreibt. In diesen Ländern werden die Preisstrukturen nicht künstlich verzerrt. Sie reflektieren echte Produktionskosten. Arbeitskräfte, Rohstoff- und Kapitalströme richten sich nach den Bewegungen von Angebot und Nachfrage. Das private Unternehmertum regt sich in beträchtlicher wirtschaftlicher Freiheit. Es braucht nicht zu befürchten, daß die kapitalistischen Spielregeln plötzlich und willkürlich außer Kraft gesetzt werden.

Die Erfolge der Region werden im Westen gern dem unbekümmerten Diebstahl geistigen Eigentums und halsabschneiderisch niedrigen Löhnen zugeschrieben. Wenn das so wäre, ginge es natürlich nur eine gewisse Zeitdauer und dann nicht mehr. Seit einiger Zeit ist aber der Westen beinahe mehr am Erwerb japanischer Lizenzen interessiert als umgekehrt. Und die Löhne können so schlecht nicht sein, sonst wäre das japanische Prokopfeinkommen nicht auf der Höhe des amerikanischen und das der Einwohner von Singapur nicht gleich hoch wie das der Israelis oder Iren. Das Geheimnis des Erfolgs liegt wohl auch nicht in irgendwelchen, vom Westen nachvollziehbaren japanischen Formen der Menschenführung. Die »kleinen Japaner« oder »Drachenbabies« – unter welcher Bezeichnung man manchmal Korea, Taiwan, Hongkong, Singapur zusammenfaßt – wollen keine japanischen Formen der Menschenführung; sie haben ihre eigenen entwickelt. Die allerdings ähneln einander ziemlich.

Kommen Sie am Morgen gegen neun Uhr dreißig in das größte Warenhaus von Seoul: die Türen öffnen sich, die ersten Kunden wandeln in den Gängen, rechts und links begleitet von den tiefen Verbeugungen des Personals – Dutzende, Hunderte sind aufgereiht, um den Kunden gebührend königlich zu begrüßen, die Verkäuferinnen adrett uniformiert, die Verkäufer ein Urbild einladender Höflichkeit. Man fühlt sich wie der Prinz von Wales.

Oder Sie haben mit dem Direktor eines mittleren Betriebes zu tun, in dem Sie die Verarbeitung landwirtschaftlicher Produkte darstellen wollen. Sie fahren mit seinen Leuten täglich hinaus in Fabriken oder auf die Felder – aber der Direktor ist jeden Morgen um sieben vor der Abfahrt zum gemeinsamen Frühstück im Hotel, und jeden Abend empfängt er Sie wieder – kaum, daß Sie sich seiner Einladungen und Geschenke erwehren können.

Die vielbesprochene Disziplin von Arbeitern und Angestellten wie von Chefs und Bossen scheint ohne eine andere Peitsche zu funktionieren als die des Ehrgeizes und der Tradition. Faul an der Arbeitsstelle zu sein oder einen blauen Montag zu machen, heißt, daß man nicht nur das eigene Potential vergeudet, sondern die Erwartungen nicht erfüllt, welche die Gesellschaft in einen setzt. Die Gesellschaft – also die Kumpels, die Vorgesetzten, die Untergebenen – zu enttäuschen heißt, an Gesicht zu verlieren. Das Geheimnis der ostasiatischen Erfolge ist nicht geschickter Diebstahl oder geringer Lohn, sondern ein hoher Leistungs- und Qualitätsanspruch. Und der Verzicht auf kurzfristige Vorteile. Man weiß, daß das Überleben von der Fähigkeit abhängt, sich auf die Bedürfnisse der größeren Gemeinschaft einzustellen; das wird dem Klippschüler bereits zusammen mit dem Stolz auf die kulturellen Besonderheiten seiner Nation beigebracht.

Der Ehrgeiz richtet sich zunächst auf hervorragende Schulleistungen. Das schlägt in einem Volk ohne Analphabeten manchmal sonderbare Blüten. Ich las in der englischsprachigen Morgenzeitung von Seoul eine Meldung, daß die Polizei eine Reihe von Personen festgenommen habe, welche illegalen Unterricht in der englischen Sprache erteilten. Selbst für einen autoritären Staat wie den südkoreanischen wäre das angesichts des großen Bedarfs an Dolmetschern ein starkes Stück. Des Rätsels Lösung ist die: Koreanische Schulexamen, die allein Aussicht auf höhere Berufe eröffnen, sind so scharf, daß viele wohlhabende Familien eine Menge Geld für private Nachhilfestunden ihrer Kinder ausgeben, besonders in Englisch. Das ruft dann die weniger begüterten Eltern auf den Plan. Sie erheben wohlgemerkt nicht den

Vorwurf der Korruption gegen die Schulleiter, sondern beklagen sich, daß die Wohlhabenden ihren Kindern bessere Examen durch höheren Geldaufwand ermöglichen. Diese Stimmung erwies sich als so stark, daß die Regierung sich genötigt sah, Privatunterricht schlichtweg zu verbieten. Daß das Verbot Erfolg hat, möchte ich bezweifeln.

Eine andere Gemeinsamkeit der Region ist die Vermeidung von Konflikt und Konfrontation – in der Familie, der Sippe, im Betrieb und in der Nachbarschaft. Die Grundstimmung zielt auf Harmonie, also auf Anpassung und Einfügung – und zwar nicht nur der anderen. Es wird auf allen Ebenen unablässig an Kompromissen und, da der Arbeiter dem Betrieb ein Leben lang angehört, lebenslang an der Herstellung von Übereinstimmungen gearbeitet. Daraus erwächst zum Beispiel den Gewerkschaften eine Rolle, die von derjenigen europäischer oder gar amerikanischer Gewerkschaften verschieden ist. Daß sie in China Werkzeuge der Staatspartei sind, versteht sich von selbst. In Japan und Korea sind sie eng an den Betrieb gebunden. Von großen Lohnkonflikten und Streikbewegungen kann da nicht die Rede sein.

In Ostasien scheut man offene Konflikte. Die Einstellung zu Recht und Gesetz ist anders als in der Neuen Welt, die manchmal wie ein riesiger Tummelplatz von Juristen aussieht. Recht und Gesetz dienen nicht der Durchsetzung von Ansprüchen oder der Herstellung von Gleichheit. Die konfuzianische Erbschaft besagt, daß die Menschen nicht gleich und daß Gesetze nicht zur Durchsetzung von Ansprüchen da sind. Es fällt westlichen Betrachtern immer wieder auf, mit wie wenig Anwälten der Ferne Orient auskommt. Die Bundesrepublik verfügt über rund 14000 Richter, 3000 Staatsanwälte und 28000 Anwälte und Notare. Südkorea hat bei etwa der Hälfte unserer Bevölkerung 500 Richter, 400 Staatsanwälte und 800 Anwälte.

Zivilrecht, Strafrecht und Handelsrecht sind dort zwar auf dem Umweg über Japan von deutschen Vorbildern geprägt. Nur werden die Bestimmungen häufig nicht angewandt, oder sie werden umgangen. Von 90000 Zivilprozessen wurden in Südkorea in einem Jahr rund dreißig Prozent durch Vergleich, Verzicht oder Klagerücknahme erledigt. Jeder deutsche Richter würde vor Neid erblassen. Man setzt sich nicht gern der öffentlichen Konfrontation vor einem Gericht aus. Das hieße ja, sich Feinde fürs Leben zu schaffen.

Die geringe Zahl von Juristen hält die Zahl der Verordnungen und Gesetze in engeren Grenzen als bei uns. Meister Konfuzius äußerte in seinen Gesprächen: »Im Anhören von Klagesachen bin ich nicht besser als irgendein anderer. Woran mir vor allem liegt? Daß gar keine Klagesachen entstehen. Wenn man durch Erlasse leitet und durch Strafen ordnet, so weicht das Volk aus und hat kein Gewissen. Wenn man durch Kraft des Wesens leitet und durch Sitten ordnet, so hat das Volk Gewissen und strebt nach dem Guten.«

Vor einigen hundert Jahren besang ein Koreaner die beste Rechtsordnung so:

Im Justizpalast nisten die Vögel
und die Justizsiegel sind moosbewachsen.
Da der Gouverneur sauber regiert,
gibt es keinen Prozeß.
Das beste Urteil ist schlimmer
als kein Prozeß.

Das ist für Amerikaner nicht leicht begreiflich. Es diene als Indiz dafür, daß zwischen der Ost- und der Westküste des Stillen Ozeans nicht nur die Datumsgrenze verläuft. Eine Spekulation über die Zukunft des pazifischen Bekkens muß davon ausgehen, daß die große Wasserwüste zwei Gegenpole des Weltverständnisses trennt. Sie haben sich über Tausende von Jahren hinweg gebildet. Keine Hochtechnologie kann sie verschmelzen. Amerika verliert, wenn es sich zum Pazifik wendet, seine europäischen Wurzeln nicht. Das pazifische Zeitalter entsteht nicht aus einer Liebesheirat. Es fordert, wie es jede gute Vernunftehe tut, die Anerkennung von Besonderheiten.

Eliten im Lande der Gleichheit

Der Umgang mit Eliten will gelernt sein. Wir in der Bundesrepublik haben wenig Übung darin. Kein Wunder. Das Dritte Reich mit seiner forcierten Elitenbildung hat die, die es zu Ende der Weimarer Epoche noch vorfand, zermalmt und uns insgesamt den Appetit auf das Elitäre verdorben. Es hat sich seitdem nichts gebildet, was auch nur annähernd den Eliten der westlichen Zivilisation entspricht. Wir tun gut daran, uns im Umgang mit Eliten anderer Völker zu üben. Bevor wir mit ihnen umgehen, müssen wir sie natürlich erkennen können.

Zum amerikanischen Credo gehört, daß jeder Junge Präsident der Vereinigten Staaten werden möchte, und daß es jeder werden kann, der das Zeug dazu hat. Was genau das Zeug ist, darüber herrschen die unterschiedlichsten Ansichten. Sicher aber muß man *nicht* aus alter Familie stammen, eine vornehme Schule besucht haben, reich sein oder weithin bekannt, mit einem Wort: zu den Eliten gehören.

Unter den acht Präsidenten seit 1945 zählte nur John F. Kennedy zu einer herausgehobenen Schicht.

Alle anderen, von Truman bis Reagan, hatten keinen fliegenden Start ins Leben, sondern mußten sich aus eher obskuren Ursprüngen emporarbeiten. Die Neue Welt in ihrem Bedürfnis nach Gleichheit verlangt es so. Ein Mann wie du und ich, der es beim Aufstieg schwer gehabt hat wie ich und du, erfüllt die Träume der Wähler besser als einer, der mit dem goldenen Löffel im Munde geboren ward.

1956 ließ sich ein Präsidentschaftskandidat, wo er ging und stand, vor der maßstabsgetreuen Kopie der Blockhütte knipsen, in der er das Licht der Welt erblickt hatte. Das war zugkräftiger als die Erwähnung seines Millionenvermögens.

Herkunft aus einer Elite ist weder Vorbedingung noch hilfreich für das höchste Amt. In den Vorräumen der Macht spielt sie jedoch eine Rolle, die den Gleichheitsgrundsätzen zu widersprechen scheint. Ein Doppelsteckbrief soll das erläutern. Also: Alte Familie Neu-Englands. Vorfahren: Geistliche oder Staatssekretäre. Konfession: anglikanische Hochkirche oder presbyterianisch. Klassische Erziehung in wohlbeleumdetem Internat, Rechtsstudium in einer der »Efeu«-Universitäten Harvard, Yale oder Princeton. Junior-Partner in einer Wallstreet-Anwaltsfirma oder Sekretär eines Obersten Richters. Abwechselnd Berater im diplomatischen Dienst und in der freien Wirtschaft. Mitglied akademischer Clubs und der Republikanischen oder Demokratischen Partei am Wohnort. Tätig in kirchlichen Gremien, karitativen Beiräten und im Aufsichtsrat von Stiftungen. Weit gereist und belesen, Kenner französischer Rotweine und lateinischer Zitate. Gut mit der Feder, druckreif am Vortragspult, nicht ungeschickt auf dem Pferd und am Steuer einer Segeljacht. Kleidung unauffällig elegant mit englischen Stoffen. Wohnungseinrichtung: abgenutzter amerikanischer Kolonialstil. Verheiratet mit Frau ähnlicher Herkunft. Überzeugt, daß dem Gentleman und somit auch den Völkern die Befolgung strikter Rechtsgrundsätze aufs Beste bekommt. Vermögen: zunächst gering.

Wer es noch nicht geraten hat, wird bei nochmaligem Überlesen in diesem Steckbrief sowohl John Foster Dulles wie Dean Gooderham Acheson wiedererkennen. Zwei Außenminister rivalisierender Parteien und gegensätzlichen Temperaments, doch verwandt in Erziehung und ungebrochenem Verhältnis zur Macht. In Gesichtsschnitt, Sprache und Haltung typische Vertreter der Ostküsten-Elite Amerikas. Diese Schicht hat die Vereinigten Staaten zweihundert Jahre lang mit Führung auf allen Gebieten des Lebens versorgt.

Fragt man ihre Vertreter, ob sie sich als Angehörige einer Elite fühlen, so bejahen sie das als selbstverständlich. Ansprüche und Privilegien leiten sie daraus nicht her. Wohl sprechen in Boston die Cabots nur mit den Lowells und die Lowells nur mit Gott. Aber sollten sie deshalb begabten und erfolgreichen Leuten von unten den Zutritt zu ihren Kreisen verwehren? Mitnichten. Denn alle Menschen sind erstens gleich; und wer zweitens Hervorragendes leistet, soll dafür belohnt werden.

Diese beiden Hauptsätze im amerikanischen Glaubensbekenntnis schließen sich auf den ersten Blick aus. Der Widerspruch löst sich aber im Lichte einer puritanischen Grundeinstellung ganz einfach. Alle Menschen sind gleich vor Gott. Seine Gnade allein gibt ein Zeichen, daß dieser oder jener berufen und auserwählt sei. Das Zeichen ist der Erfolg, der des Erwählten Werke vergoldet. Aus der Gleichheit vor Gott wurde die Gleichheit vor dem Gesetz. Die Erwählung bildete sich, nicht ohne Mitwirkung Darwins, in erfolgreichen Wettbewerb um. Die Ostküsten-Elite machte unter den Bedingungen der amerikanischen Freiheit aus dem Calvinismus einen wundervollen Kompromiß: Patrizische Haltung im demokratischen Gewand.

Amerika hat viele Eliten. Manche sind im Aufstieg, manche am Verblühen. Fast alle haben regionale Wurzeln. Die der Ostküsten-Elite liegen unter dem Pflaster großer Handels- und Industriestädte. Aus Herkunft und Wettbewerb entstand da eine potente Mischung. Das Gefühl, auserwählt zu sein, ergriff sogar die Abkömmlinge irisch-katholischer Einwanderer. Um den ehemaligen Bostoner Abgeordnetensitz des ermordeten Präsidenten Kennedy (katholisch, alles andere als puritanisch) bewarben sich im Sommer 1986 der Sohn des gleichfalls ermordeten Senators Kennedy und ein Urenkel des legendären Ölmilliardärs Rockefeller. Die Schwester des jungen Kennedy ließ sich für die Demokraten in Maryland aufstellen. Niemand soll sagen, daß die bekannten Familien auf ihren Lorbeeren einschlafen.

Die Eliten-Gesellschaft der Großagrarier in den Südstaaten war der europäischen Aristokratie am nächsten. Sie hatte weder mit Wettbewerb noch mit Gleichheit etwas im Sinn. Sie pochte auf Erbe und Blutslinie und schloß die schwarze Unterschicht aus. Die Tüchtigen entgingen den Abnützungserscheinungen dieser Gesellschaft durch den Zug nach Westen. Für die, welche blieben, wurde der Besuch der Militärschule prägende Tradition. Beim Militär ist Ungleichheit vorgeschrieben. Das Offizierskorps der amerikanischen Streitkräfte rekrutiert sich überproportional aus den Südstaaten. Die Marine insgesamt und die Elite-Verbände der Seesoldaten und Fallschirmjäger gehören gefühlsmäßig zum Süden.

Auch die schwarze Elite entstammt dem Süden. Nicht seinen Militärschulen, sondern militanten theologischen Seminaren. Während die strenge Trennung von Staat und Kirche die Herausbildung einer weißen geistlichen Elite erschwerte, zwang die Rassentrennung den schwarzen Geistlichen an die Front. Schwarze Pastoren wie Martin Luther King artikulierten die Forderungen der Farbigen an Staat und Gesellschaft. Der erste Farbige, der sich um die Präsidentschaft bewarb, stützte sich im Wahlkampf nicht auf Fernsehspots und Gewerkschaftsfunktionäre, sondern auf das überregionale Netz schwarzer Seelenhirten.

Vor sechzig Jahren hätte man bei der Beschreibung amerikanischer Eliten die Geschäftswelt nicht vergessen dürfen. Präsident Calvin Coolidge sagte »The business of America is business«, und wies damit den Industriekapitänen und Unternehmern ihren Platz in der vordersten

Linie des Fortschritts zu. Man idealisierte den Selfmademan, der sich von »rags to riches« durchgesetzt hatte. Herkunft gleichgültig, Studium eher schädlich. Besser als die Examen von Harvard war das Bestehen des harten Wettbewerbs auf der freien, kapitalistischen Wildbahn. Wer dabei auf der Strecke blieb, gehörte nicht zur natürlichen Auslese einer Nation, die sich ins Grenzenlose auszudehnen schien. War ein begnadeter Ingenieur zugleich erfolgreicher Unternehmer wie Henry Ford, dann durfte er sich sogar mit unerbetenen Ratschlägen in die Politik mischen, antisemitische Redensarten führen, abschätzig von den Intellektuellen sprechen und einen feudalen Clan begründen.

Diese Elite, soweit sie sich selbst so sah, ging in den Stürmen der Großen Depression unter. Der Begriff »Businessman« bekam in den dreißiger Jahren einen verächtlichen Beigeschmack. Die Ersatzmannschaft war ebensowenig homogen. Es waren die professionellen Manager und Bürokraten des New Deal. Im Gegensatz zu den Unternehmern alten Typs durften sie studiert haben. Den Managern verlieh die Nation für ihre Leistungen in der Organisation des Nachschubs während des Zweiten Weltkriegs Orden und Medaillen. Eine einheitliche Schicht mit Korpsgeist und unsichtbaren Erkennungszeichen war das natürlich nicht und konnte es nicht werden.

Faßt man den Begriff »Businessman« etwas weiter, dann gehören auch der Bankier und der Finanzier dazu. Hier wird man gut daran tun, die feinen Unterschiede zwischen jüdischen und nichtjüdischen Bankhäusern zu beachten. Die ersteren erkennen in der New Yorker Bank »Lazard Frères« ihr Leittier an – die letzteren orientieren sich an der »Chase« oder, etwas feiner, der Morgan Guaranty. Aber wie die meisten Klassifizierungen ist auch diese anfechtbar. Sicherer ist es zu sagen, daß Wallstreet – unbeliebt wie dieser Finanzmarkt im Lande auch sein mag – zur Bildung von Eliten durchaus fähig ist. Wieviele junge Anwälte verdienen sich nicht dort die Sporen zu einem Galopp in die Politik, in die Obersten Gerichte, in Führungspositionen der Wirtschaft!

Daß die Bürokraten als Stand ebenfalls zur Elitebildung nicht fähig waren, hängt wohl mit der souveränen Verachtung zusammen, die der Amerikaner den Angestellten seiner Regierung entgegenbringt. Aus dem öffentlichen Dienst, wie ihn Karl Schurz nach preussischem Muster vor hundert Jahren aufbaute, ist nie »der Beamte« mit alter Familien-Tradition geworden. Eliten müssen aber mindestens bei sich selbst im Verdacht stehen, daß sie eine sind – sonst sind sie keine. Der französische Inspecteur des Finances weiß, daß er zu einer Elite gehört. Jeder der 650 Beamten des amerikanischen »Bureau of the Budget« hat eine ähnlich rigorose Ausbildung erfahren und tut etwa das gleiche wie sein französischer Kollege, fühlt sich aber nicht als Mitglied einer Elite, weil ihm das noch nie jemand nachgesagt hat. Auch dem Auswärtigen Dienst wird an Prüfungen nichts erspart; insofern könnte er sich zur Elite rechnen. Seine Herkunft ist jedoch unterschiedlich, sein Korpsgeist gering, sein Ansehen in der Öffentlichkeit gleich null. Vielleicht paßt am ehesten noch die Vorstellungswelt des FBI und der Geheimdienste in das Fach, welches in Europa und Asien mit der Aufschrift »Elite« etikettiert ist. Doch gilt dieses Gewerbe bei den anderen Eliten als anrüchig.

In ihrer Selbsteinschätzung neigen die meisten Amerikaner dazu, sich als guten Durchschnitt zu bezeichnen. Das ist nicht nur demokratisches Mimikry; es folgt aus einer Schulerziehung, die nicht auf Spitzenleistung, sondern auf Anpassung aus ist. Nicht auf Wissen, sondern auf Verhalten. Der Deutsche denkt an seine Schulzeit mit Schaudern, der Amerikaner mit Sehnsucht. Schule – das ist ein endloses Spiel, ein wunderbares Experimentieren im Team; ein Lernen ohne Druck und Angst. Die Schule war immer und bleibt das Hauptinstrument, um aus Kindern von Einwanderern Amerikaner zu machen. Die englische Sprache müssen sie lernen und den Gruß an die Fahne, und wer Washington war, und warum man Thanksgiving feiert und nicht den Sedan-Tag. Lernen sollen sie, daß es keine Rangunterschiede gibt und keine Untertanen. Alle sind frei und gleich geboren, auch wenn sie das durchaus nicht sind. Alle sollen gute Amerikaner werden – weshalb denn jede Rücksicht zu nehmen ist auf die, welche langsamer begreifen. Die öffentliche Schule ist für alle da, die Bürger der Vereinigten Staaten sind oder dieses Privileg erwerben wollen. Selbst wenn sie dumm sind und arm, dürfen sie sich insofern als Angehörige einer Auslese fühlen, als sie ja Nachkommen der Mutigen und Starken sind, welche mit der Überquerung des Ozeans die bedrückende Unfreiheit der Alten Welt abgeschüttelt haben. Die Mehrzahl der Einwanderer kommt heute nicht mehr aus Europa. Doch gilt das Gesagte auch für Mexikaner und Chinesen.

In der Bundesrepublik werden Kinder nicht versetzt, weil der Vater versetzt wurde. Von Hessen nach Bayern zum Beispiel. Die große Leistung der amerikanischen Schulen ist es, in einem Land extremer Mobilität jedem Kind Startlöcher für den amerikanischen Lebenskampf zu geben; ob es mit seinen Eltern aus Mexiko nach Texas zieht oder von der Bergfarm in Tennessy 5000 Kilometer weiter in ein Holzfällerlager in Oregon. In der neuen Schule wird es alsbald schwimmen können wie ein Entlein im Wasser. Bei uns schaffen das ein Dutzend Kultusminister nicht. In Amerika gelingt es Zehntausenden autonomer Schuldistrikte. Warum? Vielleicht, weil die Eltern-Ausschüsse über den Lehrplan mehr zu sagen haben als der Staat. Eltern denken praktischer als Erziehungsbürokraten. Was nicht ausschließt, daß auch die letzteren bisweilen elegante Ideen haben.

So wird aus Philadelphia berichtet, daß dort die Zahl der Schüler mit dem Wahlfach Latein von kümmerlichen sechshundert innerhalb weniger Jahre auf sechzehntausend anschwoll. Eine amüsante, auch auf den Geschmack schwarzer Kinder bedachte Lehrweise brachte dieses Wunder von Flexibilität zustande und widerlegte den Mythos, daß die alten Sprachen nichts für Kinder der Neuen Welt sind. Dem Mann, der sich das ausdachte, redete keine Behörde hinein.

Die amerikanische Schulbevölkerung zählt fünfzig

Millionen. Neunzig Prozent bringen es bis zum Abschluß der Höheren Schule. Bei solcher Breite kann die Bildungspyramide nicht hoch sein. Auf die Heranzüchtung von Eliten wird bewußt verzichtet. Mögen sich die (meist konfessionellen) Privatschulen mit ihren fünf Millionen Zöglingen darum kümmern. Wie gut die öffentlichen Schulen sind, hängt in hohem Grade vom Steueraufkommen des jeweiligen Schuldistrikts ab. Im Staate Mississippi werden dem Lehrer im Jahr 11000 Dollar gezahlt, während der Kollege in New York auf 18000 kommt. Hier volle Ausrüstung mit Computern – dort nicht einmal ein Filmprojektor. Für die Erziehung der Kinder des Mittelstandes wird ungleich mehr Geld ausgegeben als für die Unterschicht; die ausgleichende Gerechtigkeit besteht darin, daß die Schulen bei Kindern pekuniär und kulturell benachteiligter Schichten beide Augen zudrükken. Man schleppt sie von Jahr zu Jahr mit und nimmt in Kauf, daß begabte Kinder sich langweilen. Die Nivellierung der Leistung nach unten ist in manchen Dekaden der amerikanischen Bildungsgeschichte zum Prinzip erhoben worden – nach dem Grundsatz, in einem Lande bürgerlicher Gleichheit gelte es, jedem einzelnen die Chance zum Aufstieg so lange offenzuhalten wie nur eben möglich.

Es mag sein, daß dadurch einige spät blühende Talente gerettet werden. Aber großzügige Quoten für die schwarze Minderheit bei der Zulassung zum College haben ein unamerikanisches Element in das Erziehungssystem gebracht: unterbundenen Wettbewerb. Das hat natürlich Rückschläge provoziert. Nun wurde plötzlich die durch 110 hektographierte Fragen meßbare Begabung zum alleinigen Gradmesser der Förderung erhoben. Manchmal läuft die Leidenschaft für Tests in der Neuen Welt Amok. Dann läßt sie so wichtige Dinge außer Acht wie die Motivation junger Menschen und ähnliche Imponderabilien. Aus Angst vor Nivellierung hätten manche Erzieher für Schulen und Schüler am liebsten einen grausamen und öden Klassifizierungsprozeß eingeführt.

Das bleibt zum Glück Theorie, solange auch der Ungeeignetste mit viel Zuckerbrot und wenig Peitsche bis zum Abschluß einer höheren Schule gebracht wird. Danach allerdings beginnt die Auslese. Sie beginnt mit der Qualität des College, auf dem man zugelassen wird. Sie verschärft sich auf der Universität. Wer diese beiden Talentschleusen verfehlt, verwirkt damit die Eintrittskarte zu den Führungsberufen. In der Rangordnung der 2500 akademischen Institutionen Amerikas herrschen zudem krasse Unterschiede. Eine Forschungsuniversität ersten Ranges wie Harvard bedeutet für den Absolventen soviel wie eine Logenkarte. Ein kommunales College in Süd-Carolina verschafft höchstens das Billett für den vierten Rang. Die Elite-Universitäten sind in allen Fächern vielfach und erstklassig besetzt. Die Hinterwäldler-Institute müssen sich durch Tricks einen Namen machen und Studenten anlocken.

Logenplätze kosten einiges. Hochbegabte können auf ein Stipendium rechnen. Die große Mehrzahl wird, mindestens von den privaten Universitäten, mit Nachdruck zur Kasse gebeten. Der wissenschaftliche Rang einer Universität wird gelegentlich nach der Zahl der Nobelpreisträger gerechnet, die dort lehren. Doch ist Forschung dieser Höhenstufe aus dem privaten Vermögen der Institute oder aus Stiftungen nicht mehr zu finanzieren. Öffentliche Forschungsaufträge – häufig für den Bereich der Landesverteidigung – müssen die Löcher schließen. Das erweckt den Widerspruch von Studenten und Dozenten, die in der Rüstungsindustrie und den Streitkräften teuflische Werkzeuge einer unmoralischen Politik sehen. Auch die Gruppen der Verweigerung stellen das Ergebnis einer Auslese dar.

Nicht jede Universität erfreut sich wie die von Texas eines Kapitals von einer Milliarde Dollar in Gestalt von Ölländereien. Da lassen sich dann, wie noch kurz vor dem Ölpreis-Verfall geschehen, auf einen Schlag 32 neue Lehrstühle in den Natur- und Ingenieurwissenschaften gründen und mit je einer Million Dollar bedenken. Erwähnenswert, warum die Universität das tut: »Wir werden im ganzen Land an Reputation gewinnen als der Platz, wo man während der kommenden zwei Jahrzehnte einmal gewesen sein muß.«

Ein Doktorhut der Universität von Texas zählt im Jahre 1986 unter Brüdern vielleicht noch nicht sehr viel. Aber in zehn Jahren sollen sich Industrie, Regierung und akademische Institute um den wissenschaftlichen Nachwuchs von Austin, Texas, reißen. Wer sagt, daß sich mit Geld keine Forschungselite bilden läßt, irrt gewaltig. Er vergißt in seiner Rechnung die Entschlossenheit, den feinen Pinkeln von Harvard und Stanford mal zu zeigen, was Texas kann.

Innerhalb von fünfzig Jahren hat Amerika wissenschaftliche Eliten ersten Ranges zu bilden vermocht. Die steuerliche Begünstigung privater Stiftungen für wissenschaftliche Zwecke ist nur ein Teil der Erklärung. Ein anderer Teil ist der Ehrgeiz, einer Hochleistungsinstitution anzugehören mit der Aussicht, sich eines Tages unternehmerisch selbständig machen zu können. Der »Spinoff« akademischer Forschung, wie er in Silicon Valley zutagegetreten ist, gehört auch zur Elitenbildung. Treibhäuser der Technologie schaffen ihr eigenes intellektuelles Reizklima.

Wissenschaft, Wirtschaft und politische Verwaltung sind in Amerika keine wasserdicht voneinander abgeschotteten Bezirke. Wer zur Elite gehört, ist daran erkennbar, daß es für ihn Grenzen des Faches und der Qualifikation nicht zu geben scheint. Vom Lehrstuhl in ein Staatsministerium und weiter ins Management einer großen Unternehmung oder umgekehrt – davon gibt es beim Präsidentenwechsel, also gemeinhin alle vier Jahre, die augenfälligsten Beispiele, wenn nämlich das Weiße Haus zehntausend höhere Posten neu besetzt. Das Geheimnis ist Durchlässigkeit. Von unten nach oben in die Spitzen der Eliten – horizontal im Austausch zwischen ihnen.

Die Natur der amerikanischen Eliten läßt sich am besten an einem Außenseiter-Beispiel verdeutlichen. Professor Henry Kissinger sank zum Außenminister herab, wie er ironisch sagen würde, und wurde dann ein weltpolitisch bedeutender Einmann-Betrieb. Mit Orakel-Honoraren. Kein Dulles, kein Acheson findet sich unter seinen Vorfahren. Er ist eingewanderter deutscher Jude. Welches andere Land dieser Erde ist sich seiner Grundprinzipien so sicher – Gleichheit und Wettbewerb –, daß es solche Karrieren duldet, nein, fördert?

Zwischen Capitol und Weißem Haus

Amerikanische Wahlkämpfe sind ein großes Schauspiel und ein gutes Barometer für das, was jenseits des Atlantik vor sich geht. Ich verfolge sie seit 35 Jahren aus mehr oder minder geringer Distanz und mit unstillbarem Interesse.

1980 wurde in der vornehmen Gesellschaft der Ostküste die folgende Geschichte erzählt: Ein Bürger hat um Mitternacht seinen Wagen vor dem Haus geparkt und geht den Gartenpfad hinauf. Da springt ein Mann mit Strumpfmaske hinter der Buchsbaum-Hecke hervor und setzt dem Heimkehrer die Pistole auf die Brust. Der erwartet das übliche »Geld oder Leben« und zieht bereits die Geldbörse. Doch der Räuber zischelt: »Carter oder Reagan?«

Sein Opfer überlegt einen Augenblick, steckt dann das Portemonnaie wieder ein und sagt achselzuckend: »Drück ab!«

Die Pointe entsprach den damaligen Gefühlen vieler Amerikaner. Ob Carter – ob Reagan, es konnte nur ein Desaster daraus werden. Amerika war nach Vietnam und

Watergate, nach der Geiselnahme amerikanischer Diplomaten in Teheran und ihrer mißlungenen Befreiung durch Hubschrauber auf einem Tiefpunkt seines Prestiges und seines Selbstvertrauens angelangt. Die Sowjetunion schaltete und waltete zwischen Angola und Afghanistan wie sie wollte. Mehrere Regierungen waren der Arbeitslosigkeit und der Inflation nicht Herr geworden. Eine Wirtschaftsrezession zeichnete sich ab. Es schien alles egal. Drück ab.

Sechs Jahre später haben die Bürger auf ihrem Gartenpfad wieder Tritt gefaßt. Sie fanden in Ronald Reagan einen Präsidenten, der ausspricht, was sie sich wünschen (»Amerika ist wieder da!«), und der es eben dadurch zuwege bringt. Bei der großen Mehrheit seiner Landsleute findet sein grenzenloser Optimismus soviel Zustimmung wie seine heitere Gelassenheit. Das verleiht seinen Aktionen außenpolitisch und innenpolitisch eine Stärke, welche die Amerikaner seit der Kubakrise, also ein Vierteljahrhundert lang, vermißt haben.

Bei uns klebt an Präsident Reagan der Ruf, die Reichen reicher und die Armen ärmer zu machen. Er gilt bei den Intellektuellen als »terrible simplificateur«, bei den Linken als kriegslüstern, bei den Rechten als weltpolitisch unerfahren und bei allen Kategorien als unfähig, die Klassen- und Rassenkonflikte in den Vereinigten Staaten zu lösen.

Diese Ansichten bildeten sich in der Anfangszeit seiner Regierung, als es vorwiegend Reagans innenpolitische Gegner waren, die der Presse und dem Fernsehen in der

Bundesrepublik die eingängigeren Stichworte lieferten. Durch Tatsachen lassen sich viele Deutsche offensichtlich nicht beirren. Sie halten an dem liebgewordenen Bilde fest, auch wenn der Präsident im eigenen Lande sechs Jahre lang immer höhere Grade der Zustimmung findet.

Wahlergebnisse sind in Demokratien noch bessere Führer durch den Dschungel der Politik als Meinungsumfragen. Die letzteren zeigen, daß dem Präsidenten als Person noch nicht einmal die selbstverschuldete Pechsträhne des Herbstes 1986 ernsthaft geschadet hat. Ungenügend vorbereitet auf das Treffen mit Gorbatschow in Reykjavik, miserabel beraten beim Tausch von amerikanischen Waffen gegen iranische Geiseln, mehrmals bloßgestellt in seinem Verkehr mit der Presse, unfähig, seiner Partei den Verlust der Mehrheit im Senat zu ersparen, blieb Ronald Reagan dennoch der Präsident mit der höchsten Zustimmungsrate, verglichen mit allen seinen Vorgängern im siebenten Jahr ihrer Amtsführung. Doch lassen wir die Meinungsumfragen zugunsten der verläßlicheren Wahlergebnisse beiseite.

In den Kongreßwahlen vom 4. November 1986 stand der Name »Reagan« nicht auf dem Stimmzettel, sondern gefragt waren sachliche und personelle Entscheidungen des Wählers in Tausenden von lokalen und regionalen Situationen. Nach aller Erfahrung verliert die Regierungspartei auf Bundesebene, also im Repräsentantenhaus, bei der Zwischenwahl ungefähr vierzig Sitze. Das ist im sechsten Jahr einer Regierung immer so gewesen, es war jedoch diesmal anders. Die Republikaner mußten Federn lassen, aber ihre Verluste beschränkten sich auf zehn Sitze. An der bisherigen Machtverteilung änderte das nicht viel, da die Demokratische Partei ohnehin seit Menschengedenken die Mehrheit und die Führung des Hauses und seiner Ausschüsse innehat.

Alle Sitze im Repräsentantenhaus standen zur Disposition, aber nur ein Drittel der Sitze im Senat. Hier verloren die Republikaner die Mehrheit, die sie 1980 errungen hatten, und zwar dergestalt, daß sie nicht darauf rechnen können, ihre Herrschaft über den Senat im Jahre 1988 wiederzugewinnen. Ein herber Rückschlag für die Hoffnungen der Republikaner, in Bälde die Mehrheitspartei im ganzen Lande zu werden. Solange beide Häuser des Kongresses in demokratischer Hand sind, hat es ein republikanischer Chief Executive mit dem Regieren schwer. Eisenhower und Ford sind Beispiele dafür. Auch Reagan muß nun noch häufiger damit rechnen, daß ihm der Kongreß Maßnahmen der Außenpolitik vorschreibt, so wie er ihm – trotz der republikanischen Führung des Senats – Sanktionen gegen Südafrika aufgezwungen hat, die der Präsident für Unsinn hält. An den Streitfragen »Kündigung des Salt-II-Vertrags«, »Finanzierung der Strategischen Verteidigungs-Initiative«, »Einhaltung des ABM-Vertrags« wird sich erweisen, ob die demokratische Mehrheit in beiden Häusern des Kongresses zur Blockierung der Reaganschen Außenpolitik ausreicht und den Präsidenten zwei Jahre lang zum Dasein einer »lahmen Ente«

verurteilt, wie man in Amerika sagt. Das würde zwar die Siegeschancen für einen republikanischen Nachfolger nicht wesentlich vermindern, es wird aber bei aller Reagan-freundlichen Grundstimmung die Verhandlungen mit der Sowjetunion erschweren. Die Zwischenwahl von 1986, die den meisten Amerikanern nur ein Gähnen entlockt hat, wurde in diesem Augenblick der Auseinandersetzung zwischen Ost und West bedeutungsvoll.

Dennoch war das kein ganz überzeugender demokratischer Wahlsieg. Bei den anhängigen 36 Gouverneurswahlen gewannen die Republikaner der Zahl nach soviel, wie sie Senatssitze verloren. Nun sind das zwar nicht genau vergleichbare Größen, aber der Erfolg ist auf einem anderen Gebiet wichtig; die Gouverneure der Einzelstaaten beeinflussen die Neueinteilung der Wahldistrikte für die Präsidentschaftswahl 1988 – und zwar, wie sich denken läßt, im Sinne der Bevorzugung der jeweils eigenen Partei. So gleichen sich in Amerika Gewinne und Verluste auf längere Sicht meistens aus.

Wer neugierig ist auf die Lage, wie sie nach Reagans Ausscheiden aus dem Amt in zwei Jahren herrschen wird, muß sich folgendes vergegenwärtigen: Reagan wurde nach vier Jahren im Weißen Haus mit einer sensationell erhöhten Mehrheit wiedergewählt. Und das nicht etwa deswegen, weil sein Gegner auf demokratischer Seite eine Niete gewesen wäre. Außer in einem der fünfzig Einzelstaaten erzielte der Präsident überall eine Mehrheit, und aus der gleichmäßigen Verteilung dieser

Mehrheit läßt sich schließen, daß Reagans Politik keiner Region des Kontinents gegen den Strich ging. Auch heute wird nirgends der Aufstand geprobt, obwohl natürlich das Ringen um die Nachfolge im Weißen Haus voll im Gange ist.

Man kann ohne Übertreibung sagen, daß Amerika selten in einer so stabilen Verfassung war. Von 435 Abgeordneten beider Parteien im Repräsentantenhaus wurden 1984 390 wiedergewählt. Also rund neunzig Prozent. Bei einer parteibestimmten Listenwahl, wie in der Bundesrepublik, wäre ein so geringer Wechsel in der Zusammensetzung des Abgeordnetenhauses nicht weiter auffallend. In Amerika zählen aber nur »Direktmandate«. Um so bemerkenswerter die Wiederwahl so vieler Mandatsträger beider Parteien.

Das deutet auf eine ungewöhnliche Kontinuität der zur Zeit herrschenden politischen Konstellation hin. Sie steht im Gegensatz zu dem wilden Auf und Ab der Parteien in allen Wahlen der vorangegangenen 25 Jahre. In den gesetzgebenden Versammlungen der Einzelstaaten betrug 1984 der Wechsel gar nur vier Prozent. Was muß man daraus schließen? Doch wohl, daß die Bürger der Neuen Welt mit ihren politischen Repräsentanten im wesentlichen zufrieden sind. Offenbar halten sie die herrschende Machtverteilung für das geringste Übel. Selbst wenn den Republikanern die Mehrheit im Senat entgleitet, spricht das nicht gegen den Eindruck, daß die Amerikaner trotz zahlloser lokaler Einzelkonflikte in Frieden miteinander leben. Sie sind mit sich und ihrer Führung einverstanden.

Für Amerika ist das eine beinahe revolutionäre Neuerung. Blicke ich zurück, so bin ich noch heute erschrokken über den Haß zwischen Republikanern und Demokraten zu Trumans Zeiten. Senator McCarthy, der erste Fernseh-Demagoge, trieb den Parteienstreit zu schrillen Dissonanzen. Eisenhower beruhigte zwar das parteipolitische Klima; dafür stieg aber die Temperatur zwischen den Weißen und Schwarzen im Süden zur Siedehitze. Bis zum Truppeneinsatz. Die sechziger Jahre sind gekennzeichnet durch die Morde an den Brüdern Kennedy und an Martin Luther King. Sie sahen den Aufstand der Universitätsjugend. Und dann den Vietnamkrieg, Watergate, Jahre der außenpolitischen Fehlschläge und innenpolitischen Malaise. Sie hinterließen eine Erbschaft des Zweifels an allem und des zynischen Selbsthasses der Nation.

Nach all diesen Jahren herrscht heute Gelassenheit. Die überwältigende Mehrheit lebt in Prosperity. Die Minderheiten sehen ihre Chancen wachsen. Es gibt keinen Klassenhaß und wenig ausgeprägten Rassenkampf. Außerdem ist kein Krieg in Sicht.

Die Wahlergebnisse zeigen, daß Reagan die Zeichen der Zeit richtig erfaßt hat. Die Bürger unterstützen ihn, wenn er der staatlichen Einmischung engere Schranken zieht. »Haben wir eigentlich vergessen, daß es nicht die Aufgabe der Regierung ist, uns mit Glück zu überschütten, sondern daß sie aus dem Wege gehen und uns die Gelegenheit geben soll, unser Glück selbst zu erarbeiten?« Das sitzt, aber es bedeutet noch lange nicht, daß die Wähler (oder ihre Abgeordneten) eine Minderung der sozialen Sicherheit für den Mittelstand dulden, dem sie sich allesamt zugehörig empfinden. Auf was läuft es hinaus, und was unterstreichen die Wahlergebnisse? Die Hauptelemente des Wohlfahrtsstaates, der seit Roosevelts New Deal geschaffen wurde, sollen erhalten bleiben, seine Auswüchse aber werden gekappt. Die Exzesse eines übermächtigen Staates, Planung, Zuteilung, ideologisch begründete Eingriffe ins Privatleben, haben sich in den siebziger Jahren überschlagen. Damit ist dem Bürger die Lust an sozialen Experimenten gründlich vergangen, und er begrüßt es mit dem Kreuz auf dem Stimmzettel (oder dem Hebeldruck an der Wählmaschine), wenn da jemand kommt, der die Ausgaben der Regierung und ihre Aufgaben einer unerbittlichen Disziplin unterwirft.

Reagan hat während des Zweiten Weltkriegs als gut verdienender Hollywoodstar bis zu neunzig Prozent seiner Gagen ans Finanzamt überweisen müssen. Das hat deutliche Spuren in seiner Politik hinterlassen. Sein Argument ist, daß die Vertreter des expandierenden Staates der Nation nichts als Knüppel zwischen die Beine geworfen haben. Wer sie los sein will, muß als erstes die Steuern senken, als zweites die Bürokraten nach Hause schicken, welche immer neue Einfälle haben, wie sie die einkommenden Steuern ausgeben können.

Er kann sich etwas darauf einbilden, die westliche Welt unter bedeutendem politischen und hohem persönlichen Risiko aus der Rezession geführt zu haben. Den Preis dafür zahlen die amerikanischen Bürger stoischen Gemüts mit riesigen Handelsdefiziten. Die kommen der freien Welt zugute.

Die Außenpolitik dieser Regierung zielt auf die Wiederherstellung des amerikanischen Einflusses in der Welt, und damit spricht Reagan den Bürgern aus dem Herzen. Sie sind sich mit ihm und dem Kongreß darin einig, daß die Nation dafür die Streitkräfte und ihre Waffen vermehren muß. Strittig ist, wieviel das kosten darf. Wiederum einig ist man sich darin, daß viel Geld ausgegeben werden darf, wenn dadurch vielleicht viel Blut gespart wird. Aber wieviel ist für diesen hypothetischen Fall genug? Das wiedererwachte Selbstgefühl der Nation ist mit Opfern einverstanden, solange nicht gerade die allgemeine Wehrpflicht in Friedenszeiten eingeführt wird. Dieses Selbstgefühl ist das Fundament der Allianz und zugleich Anlaß zur Irritation für die Alliierten. Sie wollen keine Doktrin unterschreiben, die besagt, daß ein totalitärer Gegner mit Expansionsgelüsten besser durch rechtzeitige Einschüchterung in seine Schranken gewiesen wird als durch einen überflüssigen Krieg.

Die Wahlergebnisse von 1984 haben gezeigt, daß sich die jungen Wähler unter dreißig neuerdings zu den Republikanern hingezogen fühlen. Die Warnungen der amerikanischen Linken vor Biotechnologie, Satelliten-Kommunikation, Raumfahrt und Kernkraft scheinen nicht zu verfangen. Offensichtlich schätzt diese Jugend die Risiken der Technik geringer ein als die Gabe der Ingenieure, sie zu vermeiden oder, wo notwendig, zu korrigieren. Sie hat sich längst in den Personal-Computer verliebt und dem Videospot ergeben und sieht in der Raumfahrt weniger eine Gefährdung als das Trittbrett zum Aufsteigen. Daran hat das Challenger-Unglück nichts geändert.

Die Kinder des Babybooms, die 1984 flügge wurden und wahlberechtigt, folgten nicht ihren älteren, skeptischen Geschwistern, die in den siebziger Jahren gegen die amerikanischen Bilderbuch-Institutionen rebellierten. Zur Überraschung vieler Experten rebellieren sie gegen die ätzende und negative Kritik an dem, was eine Nation zusammenhält. Sie gaben mit ihrer Stimme der Reagan-Revolution Tiefe, Breite und Stoßkraft. Darüber später mehr.

Reagans Bedeutung tritt in den Wahlergebnissen als die eines Mannes zutage, der einen Friedensschluß der Amerikaner mit sich selbst vermittelt hat. Damit ist Amerika wieder da – bei sich zu Haus und in der Weltarena. Aber es befindet sich weiter weg als früher von seinen europäischen Ursprüngen. Das ist nicht allein die Folge der wirtschaftsgeographischen Zuwendung zum Stillen Ozean und zu den lockenden Küsten Ostasiens. Es sind moralische Grundpositionen, in denen Europa und Amerika mehr und mehr Distanz voneinander nehmen. Das hängt zusammen mit dem unterschiedlichen Wertesystem, das in der Wahl Reagans zum höchsten Repräsentanten Amerikas so deutlich erkennbar wird.

Für die Amerikaner genießt die persönliche Freiheit die höchste Priorität. Der Bürger selbst, und nicht eine äußere Autorität, ist die beste Vertretung seiner Interessen. Daraus folgt die für europäisches Denken ungewöhnliche und beinahe unbegreifliche Begrenzung der Macht und Funktion des »Staates«, daraus folgt die Ablehnung der Zentralisierung von Befugnissen im Staat, mit anderen Worten, die vorsätzliche Teilung der Gewalten – ein Prinzip, dem die organisierten Mächte in den Demokratien Europas häufig nur Lippendienste leisten. Der Beschneidung des Staatseinflusses entspricht der Lobpreis auf die private Leistung und das Ideal einer Wirtschaft, die auf freiem Unternehmertum und Privatkapital beruht. Die Rolle der Regierung wird so verstanden, daß sie die Innehaltung der Spielregeln überwacht, gleiche Chancen für alle sichert und dann aus dem Wege geht. Jeder Amerikaner hat das Recht, sich zu bereichern, sofern er nur die Spielregeln einhält. Der Idealzustand wäre eingetreten, wenn nach erfolgter Bereicherung in der Gesellschaft weniger Regeln gelten.

In Westeuropa hat sich das Individuum vom Wohlfahrtsstaat abhängig gemacht. Es läßt sich überdies von den Vereinigten Staaten vor den Ansprüchen des Russischen Reiches schützen. Es jammert, wenn es dafür in einigen Fragen die Beliebigkeit seiner Entscheidung eingebüßt hat. Es könnte sie natürlich wiedergewinnen. Aber das wäre teuer und unbequem. So wie sich die Europäer dem Schutz der Amerikaner gegen den Osten überlassen, süßer Nabelschau hingeben, so überhändigen sie die Kontrolle über ihre privaten Geschicke dem Staat. Vor 25 Jahren gaben Europäer wie Amerikaner jeweils ungefähr ein Drittel ihres Sozialprodukts durch den Staat aus – nachdem sie es ihm vorher in Gestalt von Steuern abgeliefert hatten. Heute beträgt dieser Anteil in Amerika 35 Prozent und ist sinkend, in Europa ist er auf über fünfzig Prozent gestiegen. Für amerikanische Augen drückt sich das Maß der Freiheit in solchen Zahlen aus.

In der Alten Welt ist so ziemlich alles der Kontrolle des Staates oder der regierenden Partei unterworfen. Sozialdemokratische Regierungen in der Bundesrepublik können zwanzig Jahre oder länger den wichtigsten Industriezweig der Zukunft blockieren, die elektronische Kommunikation. Dagegen wandelte sich Amerika in einem relativ freien Spiel der Kräfte, wennzwar mitunter auf anarchische Weise. Der Staat stellt an den Bürger keine Forderungen. Der Bürger fordert etwas vom Staat. Die Regierung plant nicht so sehr Veränderungen, als daß sie sich ihnen anpaßt. So präsidiert denn auch der Mann, der in dem Ruf steht, der mächtigste auf Erden zu sein, aus dem Weißen Haus heraus einem turbulenten Geschehen in fünfzig Staaten, ohne es bei Licht besehen auch nur halbwegs kontrollieren zu können. Er muß seine Macht mit vielen Instanzen, ganz besonders mit Senat und Repräsentantenhaus, teilen. Der Kongreß ist meistens mit sich uneins. Jeder stellt dem anderen Beine, keiner kommt ohne den anderen aus. Die seltsamsten Kompromisse und Eskapaden sind an der Tagesordnung.

Das beunruhigt viele scharfsinnige Beobachter in der Bundesrepublik. In ihren Augen ist Amerika zu sehr da und zu wenig kalkulierbar. Sie mißtrauen der Präsenz und der Dynamik der Neuen Welt und möchten am liebsten die Bundesrepublik aus ihrer engen Verbindung zu den Vereinigten Staaten lösen. Als Ursache dieser Wendung geben sie nicht etwa Launen der deutschen, sondern Bocksprünge der amerikanischen Politik an – zumal der Außen- und Rüstungspolitik. Die wachse sich unter den Händen eines Kalten Kriegers wie Reagan zur Bedrohung der Menschheit aus.

Peter Merseburger hat dieser Gruppe ein Stichwort mit dem Titel seines Buches gegeben: »Die unberechenbare Vormacht«. Die Herausgeberin der »Zeit«, Gräfin Marion Dönhoff, nennt etwas vorsichtiger ihr Buch »Amerikanische Wechselbäder«. Beiden Veröffentlichungen liegt die Besorgnis zugrunde, es sei kein Verlaß auf ein Volk, das sich im Griff übermächtiger Präsidenten wie Wachs verhalte.

Wie bei all seinem überwältigenden Dasein und Sosein das amerikanische Volk innerhalb von sechs Jahren zu einem Sinneswandel verführt werden konnte, der an die Häutungen der Deutschen unter Hitler gemahnt, das bleibt unerklärt. Aber von dieser Auffassung bis zur kaum verhüllten Absage an ein erprobtes Bündnis ist es nur ein Schritt.

Vermutlich ist außer dem Mißtrauen grämlicher Berufs-Kassandren gegen erfolgreiche Männer des Showgeschäfts noch etwas anderes im Spiele. Der Keim dieser Besorgnisse ist eine Fehleinschätzung, die weit verbreitet ist. Die Rolle des amerikanischen Präsidenten, zumal des jetzigen, in der Gestaltung der amerikanischen Außenpolitik wird mißdeutet. Es ist die Macht des Präsidenten über Krieg und Frieden, welche unsere Landsleute so beunruhigt. Aber wenn man die Zwänge und Pressionen der amerikanischen Innenpolitik in Rechnung zieht und überhaupt von der prekären Grundposition des amerikanischen Präsidenten ausgeht, wie groß ist diese Macht dann wirklich?

Das Wort »prekär« erregt sicher Anstoß. Im Zusammenhang mit der Stellung des amerikanischen Präsidenten von »unsicher«, »misslich«, »gefährdet« zu reden, widerspricht der herkömmlichen Theorie. Danach sitzt der Mann im Weißen Haus, wenn er einmal drin ist, für vier Jahre sehr sicher und hat eine gute Option auf Erneuerung des Mietvertrags. Die Wähler haben ihn zum Staatsoberhaupt, Regierungschef und Oberkommandierenden der Streitkräfte gemacht. Kein Mißtrauensvotum des Parlaments kann ihn stürzen. Es ist bisher auch noch nicht vorgekommen, daß ein Prätorianer-General das Weiße Haus im Handstreich genommen hätte. Der Präsident ernennt seine Minister und feuert sie nach Belieben. Er besetzt die Obersten Gerichte. Bei ihm und keinem anderen laufen die geheimen Nachrichten aus aller Welt zusammen. Im Fluß der Informationen ist er allen anderen voraus. Neben ihm steht das rote Telefon. Er verfügt über den heißen Draht zum großen Rivalen in Moskau. Ihm öffnen sich alle Kanäle der Fernsehstationen. Er ist Oberhaupt seiner Partei und hat Zehntausende von gutdotierten Posten in der Bundesverwaltung an seine Anhänger zu vergeben.

Seine Machtbefugnisse scheinen überwältigend. Er ist, wie man gesagt hat, in einer großen Demokratie Diktator auf Zeit. Auf dem Schachbrett der Verfassung und im Kräftespiel der amerikanischen Politik ist er das plebiszitäre Element, die einzige Figur mit nationalem Mandat. Alle anderen dienen partikularen Interessen. Er ist gewählter Sachwalter des gesamten Volkes. Das ist seine besondere Legitimation. Das verleiht seinem Amt in den Augen der Bürger der Neuen Welt einen geradezu geweihten Charakter. Kein bloß ernannter Staatssekretär oder General, mag er noch so brillant sein, verfügt über einen ähnlichen Nimbus.

Wenn man all die Machthebel aufzählt, die der Präsident kraft seiner verfassungsmäßigen Zuständigkeit betätigen kann und muß – in einer Nation, welche sich gern als die stärkste auf Erden sieht –, dann möchte man erschauern ob solcher Machtfülle und Verantwortung. Man verspürt erst Ehrfurcht, dann Mitleid, dann Zweifel – nämlich Zweifel an der Vernunft eines Systems, das seine Spitze dermaßen überbürdet.

Aber zu Verzweiflung besteht kein Grund. 1987 funktioniert das System seit zweihundert Jahren. Nicht immer gut, manchmal nur schlecht und recht, aber fast immer besser als jedes andere Regierungssystem, das einen ganzen, großen Kontinent organisiert. Warum ist das so?

Weil es noch andere Mächte in diesem System gibt, die gleichfalls häufig falsch eingeschätzt werden. Man könnte die Situation mit einem kleinen Trickfilm illustrieren: Der Mann im Weißen Haus betätigt den Machthebel Nummer 7. Ein Fauchen ertönt, aber es geschieht nichts. Er drückt den Machtknopf 16a. Eine rote Lampe leuchtet auf. Sie tut das jedoch nur auf seiner eigenen Schalttafel. Nirgends sonst. Er schreibt einen Beschwerdebrief an den Kongreß. Und was geschieht dann? Der Brief wird zu den Akten gelegt.

Man kennt das Gefühl des Autofahrers, der mit den 150 Pferdestärken seines Wagens auf Glatteis gerät. Steuer, Bremse und Gaspedal bewirken nichts, oder nur das Gegenteil des Beabsichtigten. So hat sich schon mancher Bewohner des Weißen Hauses gefühlt. Eisenhower war ein sehr erfolgreicher Präsident – der letzte erfolgreiche vor Reagan. Zwei unangefochtene Amtsperioden, Friede, andauernde Wertschätzung bei den Wählern, ein gutes Verhältnis zum Kongreß und zur Presse, als ehemaliger General und Supreme Commander mit dem Labyrinth des Pentagon und den Schlichen der Rüstungsindustrie besser als jeder andere vertraut – doch was steht nach acht Jahren mühevoller Organisationsarbeit im politischen Testament des alten Haudegens? Eine Warnung an die Adresse des amerikanischen Volkes; eine Warnung nicht vor den Linken, nicht vor den Russen, sondern vor der wachsenden Übermacht des »militärindustriellen Komplexes«. Liegt darin nicht das Eingeständnis der Impotenz des mächtigsten Mannes der Welt?

Truman sagte, als er von der Kandidatur Eisenhowers vernahm: »Armer Ike – als General ist er gewohnt, zu befehlen: ›Tu das, tu jenes!‹ In der Armee wird es sofort ausgeführt. Wenn er Präsident ist, kann er nur versuchen, die Leute zu überreden. Und zwar zu etwas, was sie eigentlich ohne Überredung hätten tun sollen.«

Präsident Carter mit dem Energiegesetz und Ford mit der Inflationsbekämpfung haben die gleiche Ohnmacht erlebt. Ihr Vorgänger Richard Nixon kam zu Fall, weil er diesen Zustand zu ändern trachtete – vermutlich in der falschen Richtung, jedenfalls mit unlauteren Mitteln. Präsident Johnson, der große Manipulator der Machthebel, beklagte sich: »Die einzige wirkliche Macht, die ich habe, ist die Atombombe, und die kann ich gegen den Kongreß nicht einsetzen!« John F. Kennedy wurde in Dallas umgebracht, bevor er noch die Macht des Präsidenten im Kampf mit Kongreß, Beamtenhydra, Partei und Presse hätte verschleißen können. Sein Tod illustrierte die extremen und irrationalen Kräfte, die sich gegen einen Präsidenten zusammenballen können.

Die drei aktivistischen Präsidenten Kennedy, Johnson und Nixon scheiterten. Ein jeder auf seine Art. Sie hatten in den sechziger Jahren unseres Jahrhunderts die Macht des Chief Executive zu einer »imperialen« Präsidentschaft auszuweiten versucht. Sie interpretierten angesichts immer komplizierterer Vorgänge in der Welt ihre Aufgabe so, aber sie lasen die Geschichte falsch.

Die Politik des dynamischsten aller Länder richtet sich nach einer Verfassung, die im Laufe von zweihundert Jahren nur siebzehn Zusätze und kaum eine Änderung erfahren hat. Wer in der Alten Welt Betrachtungen anstellt über die angebliche Traditionslosigkeit und Launenhaftigkeit der Neuen, muß sich doch über diese Tatsache einmal Gedanken machen.

Zu den ersten Grundsätzen der Verfassung von 1787

gehört die Teilung der Regierungsgewalten. Gemeint ist die Aufteilung der Macht zwischen Volksvertretung, Exekutive und Gerichten, Einzelstaaten und Bund dergestalt, daß der Bürger nicht zum willenlosen Objekt undurchschaubarer, unberechenbarer Mächte wird. Die verfassungsmäßigen Gewalten überwachen sich gegenseitig. Sie können einander nicht außer Kraft setzen. Sie können aber auch ohne Zusammenwirken nicht funktionieren.

Es ist das System der »checks and balances«. Wir nennen es Gewaltenteilung. Es war für die Welt vor der französischen Revolution eine Offenbarung. Nahezu alle Verfassungen der Welt haben dieses System und die Erklärung der Menschenrechte aus Amerika übernommen. Aber selbst viele unserer Zeitgenossen haben diese Revolution des politischen Denkens noch nicht nachvollzogen.

Über ihr Verhältnis zur Außenwelt dachten die amerikanischen Verfassungsväter ziemlich einhellig so: Europa mit seinen dynastischen Machtkämpfen ist kein gutes Vorbild. Dort fällt die Entscheidung über Krieg und Frieden in fürstlichen Geheimkabinetten. In Amerika würde man, wie der spätere Präsident Jefferson einmal sagte, »die Bestimmung über die eigene Existenz aus den Händen derer nehmen, die Krieg führen, und in die Hände derer legen, die für Kriege bezahlen müssen«. Demzufolge erklärt den Krieg die Volksvertretung, nicht der Präsident. Internationale Verträge unterliegen der Zustimmung und Mitwirkung des Senats. Über Stärke,

Bewaffnung und Bezahlung der Streitkräfte entscheidet der Kongreß, letztlich also der Steuerzahler.

Die eben entstandenen Vereinigten Staaten von Amerika waren aus einem langen und kostspieligen Krieg gegen eine europäische Großmacht hervorgegangen. Im Unabhängigkeitskrieg hatte es sich gezeigt, wie nachteilig es ist, wenn die zivilen Gewalten dem Oberbefehlshaber dauernd hereinreden. Die amerikanische Verfassung erinnert sich der Schwierigkeiten, die Washington hatte, und vermeidet diesen Sand im Getriebe, indem sie den Präsidenten zugleich zum Oberbefehlshaber der Streitkräfte macht. Er hat die Kommandogewalt nicht nur im Krieg, sondern bereits im Frieden. Ihm in erster Linie obliegt es, einen unerwartet erfolgenden Angriff auf die Vereinigten Staaten abzuwehren. Auf gleicher Linie liegt seine Pflicht, das Leben amerikanischer Bürger und ihr Eigentum im Ausland zu beschützen.

Solche Artikel kann ein Jurist großzügig oder kleinkariert auslegen. Natürlich dachte 1787 noch niemand an den Koreakrieg, den Präsident Truman ohne Kriegserklärung durch den Kongreß zum Schutz der angegriffenen Südkoreaner im Auftrag der Vereinten Nationen führte. Niemand hätte sich eine Tongking-Resolution des Kongresses ausgemalt, auf Grund deren Präsident Johnson das Recht für sich in Anspruch nahm, eine dreiviertel Million Soldaten – wiederum ohne Kriegserklärung – in Vietnam einzusetzen. Niemand hätte eine Vorahnung gehabt von den Bomben, die aus heiterem Nachthimmel das Hauptquartier eines libyschen Potentaten trafen.

Aber eines Tages mußten sich in der Frage des Schutzes amerikanischer Interessen im Ausland die Aufgaben und Ansprüche des Senats und des Weißen Hauses überkreuzen. Ein Konflikt war unvermeidlich. Anfangs ging es allerdings noch ganz unschuldig zu.

Da belästigte zum Beispiel im Jahre 1801 der Bey von Tunis den amerikanischen Handel im Mittelmeer und erklärte den Vereinigten Staaten den Krieg. Zum Zeichen dessen ließ er den Fahnenmast vor dem amerikanischen Konsulat in Tunis umsägen. So machte man das damals. Auf Befehl von Präsident Jefferson griffen amerikanische Kriegsschiffe ein. Doch wurde den Kapitänen befohlen, gekaperte Schiffe des Gegners und ihre Besatzungen sofort freizulassen. Ohne verfassungsgemäße Ermächtigung durch den Kongreß wagte Jefferson die Grenze bloßer Verteidigungsmaßnahmen nicht zu überschreiten. Jeffersons großer Gegner Hamilton bezeichnete das als Unsinn. In dem Moment der Kriegserklärung durch eine fremde Macht befinde man sich im Krieg. Da sei eine entsprechende Maßnahme des Kongresses vollkommen überflüssig. Jefferson beachtete dennoch den Buchstaben der Verfassung und die Vorrechte des Kongresses – auch in anderen Fällen.

Diese Vorsicht zeichnete im allgemeinen auch die Politik seiner Nachfolger aus. Die Vorstellung vom amerikanischen Präsidenten als einem Mann fast unumschränkter und expandierender Machtfülle ist falsch. Sie trifft für das 19. Jahrhundert überhaupt nicht zu. Da bestimmt der Kongreß das Geschehen. Noch 1898 mußte Präsident

McKinley durch die Volksstimmung und den Kongreß beinahe gezwungen werden, den kubanischen Rebellen gegen die spanische Kolonialmacht beizustehen. Als Zündfunke für den Krieg wirkte schließlich die Explosion des amerikanischen Kriegsschiffes »Maine« im Hafen von Havanna. Die Höhe der Verluste bei diesem bis heute ungeklärten Terroranschlag entspricht mit 260 Mann fast genau der Zahl der in Beirut im Schlaf in die Luft gesprengten Marinesoldaten. Ginge es nur nach historischen Präzedenzfällen, so hätte Präsident Reagan im Januar 1983 nicht nur mit ein paar 45-Zentimeter-Granaten antworten dürfen.

McKinleys Amtszeit ist die historische Wasserscheide zwischen einer langen Periode innen- und außenpolitischer Dominanz des Kongresses – und einer kürzeren, die den Präsidenten in der Vorhand sah. Als Wilhelm II. seinen ausrückenden Soldaten befahl, die Chinesen des Boxeraufstands nach Hunnenart zu behandeln, schickte auch McKinley Seesoldaten nach Peking. Der Kongreß war gerade nicht in Sitzung. Also wurde er nicht befragt. Als Präsident Theodore Roosevelt mit durchaus fragwürdigen Mitteln den Bau des Panama-Kanals erzwungen hatte, sagte er: »Ich habe den Kongreß debattieren lassen und die Kanalzone genommen. Die Debatte geht weiter. Der Bau des Kanals aber auch.«

Erst als die Vereinigten Staaten weltpolitische Verantwortung in der Karibischen See und in den beiden großen Ozeanen übernahmen, verringerte sich der außenpolitische Einfluß des Kongresses. Seit Beginn des Jahrhunderts verschoben sich die Gewichte zwischen Capitol und Weißem Haus. Von der Schlichtung des russisch-japanischen Krieges bis zur Proklamation der Selbstbestimmung der Völker durch Präsident Wilson erweiterten sich de facto die Machtbefugnisse des Präsidenten. Aber als Wilson nach dem Ersten Weltkrieg sein Land für die Dauer in einen Völkerbund bringen und damit in die Welthändel verwickeln wollte, zog der Kongreß die Notbremse. Der Senat weigerte sich, Amerikas Beitritt zum Völkerbund zu ratifizieren. Das Weiße Haus entpuppte sich als das, was es im Sinne der Verfassung sein sollte – Sitz einer der Verfassungsgewalten, aber nicht der, die in Fragen der Außenpolitik das letzte Wort hat.

Das Land glitt mit dieser Entscheidung in den Isolationismus. Europa war verdutzt. Es stand nicht in seinen Lehrbüchern, daß sich der Sieger eines Weltkrieges aus der von ihm selbst erfundenen neuen Ordnung zurückzieht und nur noch an Kinderspeisung und Rüstungskontrolle interessiert ist oder an der Vergabe von Anleihen an unternehmungslustige Städte des Besiegten, wie an das Köln des Dr. Adenauer.

Isolationismus bestimmte die Rolle Amerikas während der Konsolidierung der totalitären Mächte – der Sowjetunion, Italiens, des Dritten Reichs. Das Neutralitätsgesetz von 1939 wurde von Hitler als ein Zeichen gedeutet, daß der amerikanische Präsident vom Kongreß zur außenpolitischen Impotenz verurteilt war. Tatsächlich hätte es wohl vor einem Kriegseintritt Amerikas noch mörderische Zuständigkeitskämpfe zwischen Capitol und Weißem Haus gegeben, wäre nicht Roosevelt durch Pearl Harbour und die nachfolgende Kriegserklärung Hitlers der Mühe eigener, verfassungsrechtlich umstrittener Initiativen enthoben worden.

Wer nur die drei Jahrzehnte zwischen 1942 und 1972 anvisiert, wird eingestehen, daß der Kongreß verfassungsmäßig gesicherte Machtpositionen in der Gestaltung der Außenpolitik zeitweilig geräumt hat. Das kündigte sich bereits seit der großen Depression von 1929 an, als die Rolle des Weißen Hauses an Gewicht zunahm. Drei nicht sonderlich aktive republikanische Präsidenten hatten Wirtschaft, Finanzen und Sozialsystem in den zwanziger Jahren dahintreiben lassen. Als die Schlangen vor den Suppenküchen immer länger wurden und zweitausend Banken wegen Zahlungsunfähigkeit die Schalter schlossen, richteten sich unwillkürlich alle Blicke auf den Sitz der Bundesregierung und ihren obersten Vertreter. Reform war unabweislich. Sie konnte nach Ansicht der klügsten Köpfe nur mit Hilfe einer starken Administration und durch einen mitreißenden Präsidenten in Gang gesetzt werden. Die liberalen Demokraten, im Gegensatz zu ihren Namensvettern in Europa Verfechter des Zentralstaates mit dirigistischen Tendenzen und einer weit ausgreifenden Außenpolitik, fanden diesen Mann in Franklin D. Roosevelt.

Die fünfhundert Vertreter lokaler Interessen ihm gegenüber auf dem Capitol in Washington konnten weder eine Weltwirtschaftskrise meistern, noch eine Kriegsallianz zusammenhalten, noch Abwehrlinien im Kalten

Krieg aufbauen. Sie konnten höchstens das Geld für solche Extravaganzen verweigern. Das taten sie aber erst 1972 im Vietnamkrieg. Bis dahin hielt sich der Kongreß zurück. In wichtigen außenpolitischen Fragen herrschte dreißig Jahre lang der Zwei-Parteien-Konsens. Man warf dem Präsidenten bei der Bewältigung der quallenhaft anwabernden Krisen möglichst keine Knüppel zwischen die Beine. Das empfahl sich schon aus parteipolitischem Kalkül. Wer will sich denn als unpatriotisch abstempeln lassen? Es trug aber auch die Erkenntnis dazu bei, daß der Informationsstand des Weißen Hauses mit seinen vielfältigen Nachrichtendiensten und diplomatischen Drähten dem des Kongresses immer um eine Nasenlänge voraus sein muß – jedenfalls, solange sich der Kongreß nicht selbst dieser Quellen versicherte.

Die Tätigkeit oder Enthaltsamkeit der Volksvertretung in Fragen der Außenpolitik läßt sich an der Zahl der abgeschlossenen internationalen Verträge messen. Für die braucht der Präsident die Zustimmung des Senats. Dreißig Jahre lang drückten die Senatoren beide Augen zu, wenn die Exekutive sie überging, indem sie mit fremden Mächten »executive agreements« abschloß. Diese Abkommen gehen historisch auf die Befugnisse des Präsidenten als Oberkommandierenden zurück. Sie bedürfen keiner Zustimmung des Senats (obwohl der in so ziemlich allen Fällen Kenntnis von ihnen nahm oder sogar durch einzelne seiner Mitglieder beim Zustandekommen solcher Abkommen half). Zwischen 1940 und 1970 gelangten 310 Verträge vor die Schranken des Senats.

Das Weiße Haus schloß jedoch 5653 »executive agreements«. Kaum glaublich, aber so grundlegende Kriegsabkommen wie die von Teheran, Kairo, Jalta und Potsdam haben formell nie den Senat passieren müssen. Manchmal brummte damals der eine oder andere Senator: »Wir wären lieber schon beim Start mit dabei, als erst bei der Notlandung.«

Es scheint, daß die Beunruhigung mancher Deutschen über Reagans angebliche Abenteuerlust auf einer Erinnerung an frühere Alleingänge der amerikanischen Exekutive beruht. Diese Beunruhigung entbehrt seit vierzehn Jahren der realen Grundlage. Seither muß der Präsident auch jedes »executive agreement« beim Kongreß anmelden. Darunter fällt die Entsendung militärischer Ausbilder nach El Salvador ebenso wie die Überlassung von Hawk-Raketen an Jordanien. Der Kongreß kann dergleichen Engagements mit einem Federstrich verbieten – jedenfalls, solange die israelische Lobby im Kongreß stärker ist als die arabische und der Einfluß der Sandinisten auf die amerikanischen Medien stärker als der Augenschein in Mittelamerika. Die grotesken Einzelheiten des jahrelangen Ringkampfs zwischen Reagan und dem Kongreß um die Unterstützung der Contras in Nicaragua mit Waffen und Geld sind jenseits aller politischen Bewertung ein Indiz dafür, daß selbst ein populärer Präsident große innenpolitische Risiken eingehen muß, wenn er sich gegenüber einem widerspenstigen Kongreß durchsetzen will. Es ist keine rhetorische Floskel, wenn man seine Lage als prekär bezeichnet.

Was die Entscheidungsgewalt über Krieg und Frieden angeht, so schlug das Pendel vom Weißen Haus zum Capitol zurück nach einem siebenjährigen Kampf, der sich am Vietnamkrieg entzündete. Die Verfassung sagt: Krieg wird vom Kongreß erklärt. Präsident Johnson verschaffte sich das Recht und das Geld, ohne Kriegserklärung eine dreiviertel Million Soldaten in Südostasien zu engagieren. Er bauschte einen nächtlichen Zwischenfall auf, in den amerikanische Seestreitkräfte im Golf von Tongking verwickelt waren. Der ehemalige Superman des Senats bewog seine alten Kollegen zu einer Resolution beider Häuser des Kongresses, welche den Präsidenten zum aktiven Schutz amerikanischen Lebens und Eigentums in einem Gebiet ermächtigte, wo gewöhnlich Amerikaner gar nichts zu suchen haben. Auf dieser schmalen Basis wurde sieben Jahre lang ohne Kriegserklärung Krieg geführt. Allerdings unter immer stärkerem Widerstand der Öffentlichkeit.

Der Kongreß benutzte schließlich sein Bewilligungsrecht, um dem Nachfolger Johnsons den Geldhahn zuzudrehen. Das Capitol besiegelte den Anspruch auf Wiederherstellung der verfassungsmäßigen Arbeitsteilung mit dem »War Powers Act« von 1973. Er macht dem Präsidenten den außenpolitischen Alleingang auf Grund seiner Befugnisse als Oberbefehlshaber fast unmöglich.

Die Lehre für die Situation in Mittelamerika ist nicht zu übersehen. Präsident Reagans chirurgischer Eingriff in Grenada geriet bereits an die Grenze des völkerrechtlich Zulässigen. Er gelang auch nur, weil der Kongreß gerade schlief. Er hat die »prekäre« Stabilität in der Karibik gerettet, aber ohne Zweifel stellte die Methode eine Überrumpelung des Kongresses dar. Trotz grundsätzlicher Zustimmung beeilte sich der denn auch, seine Vorrechte unter Hinweis auf den »War Powers Act« deutlich zu machen. Nach sechzig Tagen mußten die amerikanischen Truppen Grenada verlassen haben.

Für manchen unter uns Deutschen unbemerkt ist das Pendel zurückgeschwungen. Dreißig Jahre lang betrieb die Präsidentschaft wenig behindert Außen- und Militärpolitik. Zur Stabilisierung des Regimes landete Eisenhower 30000 Mann im Libanon. Zur Destabilisierung des Regimes unterstützte Kennedy eine Geheimexpedition in die kubanische Schweinebucht. Wiederum zur Stabilisierung eines Regimes besetzte Johnson die Dominikanische Republik. Seit Nixons Einbeziehung von Kambodscha in das Terrain des Vietnamkrieges liegt aber die Kontrolle des außenpolitischen Geschehens wieder bei einem widerborstigen Kongreß. Er legt sich quer, wo er kann. Der »War Powers Act« hat seither die Präsidenten mehrmals zu einer Haltung gezwungen, die der Ohnmacht zum Verwechseln ähnlich sieht. Amerikanische Reaktionen auf die kubanisch-sowjetische Intervention in Angola unterblieben, obwohl sie Außenminister Kissinger und Präsident Ford in der herrschenden weltpolitischen Situation für notwendig erachteten. Carter konnte es nach dem Einmarsch der Russen in Afghanistan nicht wagen, den von ihm bereits unterschriebenen Salt-II-Vertrag dem Senat zur Bestätigung vorzulegen. Ein starkes Stück – und seit der offenen Desavouierung Wilsons in der Völkerbundsfrage nicht dagewesen. Wenn unsere Kritiker mit ihren Zweifeln an der Berechenbarkeit eines Präsidenten recht haben sollten (wie Reagans Raketenkompromisse von Reykjavik vermuten lassen), so übersehen sie doch, daß der Präsident nur verhandeln, aber nicht abschließen kann. Es ist der Senat, der ratifiziert. Nach Lage der Dinge hätte der einem Tauschhandel mit den Russen, so wie er uns geschildert worden ist, nicht zugestimmt. Schon deshalb nicht, weil er in die Vorbereitungen nicht eingeschaltet war.

Man muß zugeben, daß die konsequente Teilung der Gewalten als innenpolitisches Prinzip, auf die Außenpolitik übertragen, unbequem ist und die Geduld auf eine harte Probe stellt. Deshalb jedoch die Entscheidungsprozesse der USA als archaisch und die Bindung an sie als gefährlich zu bezeichnen, ist übertrieben. Unberechenbar ist bei der Vormacht des Bündnisses weniger der Kurs als die Geschwindigkeit, mit der sich etwas fortbewegt. Unberechenbar erscheint mancher amerikanische Politiker vielleicht auch deshalb, weil wir die Rhetorik der Neuen Welt mit ihren donnernden Ober- und moralischen Untertönen für bare Münze nehmen. Wenn Reagan in einer Rede vor religiösen Fundamentalisten die Sowjetunion als »Reich des Bösen« anprangert, muß man nicht gleich einen Atomkrieg befürchten. Besser denkt man an die seit Jahrzehnten uneingelösten Drohungen Hamburger Polizeipräsidenten, wenn sie die Große Freiheit in St. Pauli als reif zur Säuberung bezeichnen.

Die Entscheidung über die Rückverlagerung der Verfassungsgewichte zum Capitol in Washington fiel in der Zeit vor Watergate. Watergate machte jedoch aus dem ohnehin vor sich gehenden Wandel der Beziehungen zwischen Präsident und Kongreß einen Erdrutsch – eine Lawine, welche zum Beispiel das aus den Geheimdiensten herausquetschte, was an ihnen geheim war. Früher hatte der Kongreß die Aufsicht über CIA, NSA, und was es sonst in dieser Sparte noch gibt, einer kleinen Gruppe erfahrener Kollegen überlassen. Jetzt durfte so ziemlich jeder Kongreß-Abgeordnete mal in die Geheimschränke schauen; sein Stab auch, und die Journalistenfreunde der Assistentinnen ebenfalls.

Davon wurde nicht nur Gebrauch gemacht, um den befleckten Wappenschild der Vereinigten Staaten wieder blank zu reiben, sondern weil dergleichen Kenntnisse Machtvorteile bringen. Die Moral der Geheimdienste (im Sinne der Schlagkraft) sank dadurch beträchtlich, ohne daß sich die Moral (im Sinne des völkerrechtlich Erlaubten) gehoben hätte.

In den Watergate-Anhörungen ließ der Kongreß für alle sichtbar seine Muskeln spielen. Er zwang den Präsidenten zur Abdankung. Gleichzeitig revoltierten die jüngeren Abgeordneten gegen die Greisenherrschaft im Kongreß. Sie entmachteten die fast souveränen Ausschuß-Vorsitzenden. Sie schafften das System der unbedingten Seniorität ab. Sie erzwangen die Verselbständigung von Unterausschüssen. Im Senat gibt es heute mehr Ausschüsse, nämlich 114, als der Senat Mitglieder hat.

Im Repräsentantenhaus haben 177 Vorsitzende von Ausschüssen und Unterausschüssen das Recht auf Information, Ansetzung öffentlicher Anhörungen, Patronage für Stabsangehörige und Reise- sowie Bewirtungsspesen.

Manchmal sind es mehr als ein Dutzend Unterausschüsse in beiden Häusern, die bei einer bestimmten Gesetzesvorlage – etwa dem Auslandshilfegesetz – gefragt werden müssen und an den Klauseln mitarbeiten. Sie schreiben jedenfalls die Endsumme in den Scheck, den die Exekutive zur Durchführung des Gesetzes braucht. Sie schauen der Ministerialbürokratie ihrer Sparte auf die Finger und lassen sich von der Lobby betroffener Wirtschaftszweige beraten und beeinflussen. Das alles erfordert Bienenfleiß.

Er drückt sich in der Zunahme der Mitarbeiter aus. Im Jahre 1914 gab es weniger Senatsangestellte als Senatoren; 1935 entfielen auf jedes Mitglied des Repräsentantenhauses nur zwei Angestellte – wovon häufig noch eine die Frau oder wenigstens die Mätresse des Abgeordneten war. 1975 umfaßte der Stab auf dem Capitol bereits 11000 Köpfe. Dazu kamen 30000 Mitarbeiter in den Bibliotheken, Forschungszentren und sonstigen Hilfsdiensten des Kongresses.

Die Gesetzgebung hat sich ihren eigenen Stab von Experten geschaffen. Sie ist dadurch nicht schneller geworden, kann aber die Züge der Exekutive verlangsamen. Der Kongreß spielt den Bahnhofsvorsteher und hat sich alles in allem prächtig ausgerüstet, um Initiativen des Weißen Hauses – auch außenpolitische – in ihr Gegenteil zu verkehren oder total abzuwürgen. Nur solange der Präsident sich auf überwältigende Zustimmung im Volk berufen kann, ist er dieser potentiellen Verhinderungsmaschine gewachsen. Eine einzige Fernsehansprache zur rechten Zeit kann ihm die solide Unterstützung der Öffentlichkeit (wenn auch nicht der Wählerschaft) bringen. Dann ist er allerdings für einige Augenblicke sehr mächtig. Reagan hat das mehrmals demonstriert.

Aber Stimmungen wechseln schnell. Die Möglichkeit des Präsidenten, seinen Kopf durchzusetzen, bleibt prekär. Auch der jetzige muß bei allem, was er will, Kompromisse schließen: mit den Baronen der eigenen Partei und mit der Führung der Demokraten, besonders, seit sie wieder beide Häuser des Kongresses beherrscht; er muß zahllose Interessengruppen im Lande berücksichtigen, die sich im Kongreß artikulieren oder auf ihn einwirken. Da sind die Schwarzen und die Hispanos, die Farm-Konzerne und die Holzindustriellen, die Beamten und die Baulöwen, die Ölmagnaten und die Verbraucher von Öl.

Wenn man sich die Größe und Vielgestaltigkeit des Landes vor Augen hält, so kann man nichts anderes erwarten; von Europa her gesehen aber verschwimmen die Entfernungen und die Unterschiede. Zwischen Georgia und Oregon scheint alles eins, müßte also auch von einer Person zu lenken sein. Pustekuchen!

Der Kongreß selbst beherbergt soviel Interessengegensätze, daß er aus sich heraus höchstens zu einer bremsenden, verneinenden und untersagenden, nicht aber zu einer konsequent vorausplanenden Politik fähig ist. Das liegt im Grunde ganz auf der Linie der Reaganschen Staatsphilosophie. Nur ganz selten ist sich der Kongreß so einig wie im Fall der Sanktionen gegen Südafrika. Aber das war eine Entscheidung, die von der großen Mehrheit beider Parteien mit einem Seitenblick auf die Stimmen der Schwarzen in den Novemberwahlen 1986 getroffen wurde. Macht und Gegenmacht innerhalb der Volksvertretung und zwischen Capitol und Weißem Haus heben sich meistens auf. Einigung erfolgt auf dem niedersten gemeinsamen Nenner. Das beständige Bohren von dicken Brettern, das Max Weber als die schwere Aufgabe des Politikers bezeichnet hat, scheint in Washington ersetzt zu sein durch den Zusammenprall von unwiderstehlicher Kraft mit unbeweglicher Masse.

Wir sind mit den Drangsalen eines Präsidenten noch nicht am Ende. Solange ich mich erinnern kann, und mein Beobachtungsmaterial reicht bis Truman zurück, gehört zum Inventar eines amerikanischen Wahlkampfes die Versicherung des Präsidentschaftskandidaten: »Unter mir hört das Durcheinander in Washington auf.« Immer wieder fällt dann das Wort von der aufgeschwemmten, arroganten Bürokratie. Verschwendung, Mißwirtschaft und Korruption im öffentlichen Dienst werden gebührend gebrandmarkt. Die Regierung soll wieder dem Volke gehören und was derlei Sprüche mehr sind.

Präsident Carter gewann die Wahlen von 1976 als Junge vom Land, der den Geruch von Watergate aus der Hauptstadt vertreiben wird. Er hat wohl auch selbst daran geglaubt. Seinen Stab rekrutierte er aus Leuten mit einem Anti-Washington-Affekt. Er selbst nahm nie an den hektischen Cocktailparties und sonstigen Belustigungen der Hauptstadt teil. Sein Verhältnis zur Bundesbürokratie war kaum weniger von Mißtrauen geprägt als das von Nixon.

Im Gegensatz zu seinen Vorgängern hütete sich Ronald Reagan klüglich davor, Washington als Sündenbabel anzuschwärzen; er wußte, daß er es brauchen würde. Aber wenn er im Wahlkampf mehr Spielraum für die Selbstverwaltung und weniger Steuern für den Bürger forderte, dann hieb er in eine altbekannte Kerbe.

Neben all seinen anderen Funktionen ist ein Präsident der Vorgesetzte von zweieinhalb Millionen Bundesbediensteten mit Beamtenstatus. Das Anschwellen dieser Bürokratie ist unter Reagan zu einem Halt gekommen. Was sich immer noch vermehrt, ist die Zahl der Verordnungen, die pro Kopf und Hinterteil verfaßt werden. Das hat zur Folge, daß die Behörden in den Einzelstaaten, auf die ein Teil der Verantwortung verlagert ist, an Umfang zunehmen. Sie beschäftigen zwölfeinhalb Millionen Angehörige des öffentlichen Dienstes. Der Vorgang entspricht dem Parkinsonschen Gesetz, gegen das auch ein angeblich so mächtiger Mann wie der amerikanische Präsident machtlos ist.

In der Theorie sollte es ihm leichtfallen, seine Behördenapparate zu lenken. Er ernennt die Minister nach Gutdünken und kann sie fallenlassen, wann er will. Er kontrolliert die Besetzung der oberen zehntausend Stellen, sagen wir mal, bis zum Ministerialdirigenten herab.

Auf dieser Ebene verschwimmen die Übergänge vom Berufsbeamten zum politischen Beamten. Für die höheren Ränge der Bürokratie muß er sich die Leute nicht aus den Ministerien selbst holen – sie könnten ja Sympathien für die Gegenpartei haben oder an *esprit de corps* leiden –, sondern er nimmt spendenfreudige, also bewährte Parteifreunde, Manager aus der Wirtschaft oder Fachleute von den Universitäten und Stiftungen, jedenfalls Leute seines Vertrauens. Als Reagan antrat, stipulierte er dazu, sie sollten den Job weder suchen noch finanziell nötig haben. Das engte die Auswahl zwar ein, schützte aber nicht vor Interessenkonflikten.

Die Vor- und Nachteile dieses Systems sind bekannt. Der Präsident hat die Vorteile offener Befehlsstränge. Aber nur in der Theorie. In der Praxis sieht es anders aus. Die hohe Bürokratie, die sich mit dem Amtsantritt des Präsidenten einarbeitet, lernt spätestens bei den ersten Haushaltsbesprechungen, daß sie ihr Geld und das für ihre Programme nicht vom Präsidenten, sondern von einem bestimmten Unterausschuß des Kongresses bekommt. Der steht aller Wahrscheinlichkeit nach unter der Leitung eines Abgeordneten der Gegenpartei. Mit dem muß sie sich gut stellen, auch wenn das Weiße Haus Kollisionskurs steuert.

Dieser Umstand allein würde einen Präsidenten daran hindern, das Ruder der Innenpolitik radikal herumzuwerfen. Hinzu kommt eine psychologische Bremse. Die neuen Besen müssen das Fegen von denen lernen, welche die Maschinerie Washingtons aus langer Erfahrung kennen. Der Prozeß der Identifizierung mit den Grundsätzen, Zielen und Kollegen der eigenen Behörde ist nicht aufzuhalten. Eines Tages handelt der Behördenchef wie ein feudaler Baron, der sein Territorium gegenüber dem Lehensherren im Weißen Haus mit Klauen und Zähnen verteidigt.

Davon merkt man im Kabinett nur wenig. Es tritt nur selten zusammen. Es bildet keine geschlossene Einheit, an deren Zustimmung der Präsident gebunden wäre. Die Entfremdung äußert sich darin, daß die Anordnungen des Weißen Hauses beim Passieren gewisser Ebenen in den Ministerien ihre magische Kraft zu verlieren scheinen. Danach ist in den mittleren Rängen des Stabes im Weißen Haus Mißtrauen gegen diesen oder jenen Behördenchef spürbar. Arbeitet er vielleicht nicht nur für den Präsidenten? Richtig. Der Minister schließt Kompromisse mit den eigenen Untergebenen, mit der Bürokratie des Kongresses und mit den Lobbies auf seinem ureigenen Gebiet. Ohne enge Kontakte in diesem »Eisernen Dreieck«, wie man es nennt, bekommt er weder ein gehöriges Stück aus dem Haushaltskuchen, noch kann er Gesetze fachmännisch beeinflussen.

Alle Präsidenten haben zu Beginn ihrer Amtszeit verkündet, daß die Leiter der Ministerien und sonstigen Mitglieder des Kabinetts ihre engsten Ratgeber werden sollen. Die Kabinettssitzungen werden jedoch im Verlauf der Amtsjahre seltener, jedenfalls sind sie nicht das Instrument, mit dem der Präsident seine Politik steuert. Die Strategien des Weißen Hauses werden in Seitenräumen entworfen, die Kontrolle über die Tätigkeit der Ministerialbürokratie wird auf andere Weise ausgeübt als am Ovalen Tisch unter Vorsitz des Präsidenten.

Eine weitere Schicht von Bürokratie hat sich gebildet. Der persönliche Stab des Präsidenten bestand zu Roosevelts Zeiten aus 34 Köpfen. Er zählt heute mehr als zweitausend. Am wichtigsten in dieser Gruppe ist der Stabschef. Zur Zeit heißt er verwirrenderweise Donald Regan und ist ehemaliger Bankier und Finanzminister. Am bekanntesten ist der jeweilige Sicherheitsberater. Unter Reagans Vorgängern war das gewöhnlich ein aggressiver Universitätsprofessor, vorzugsweise europäischer Herkunft. Rostow. Kissinger. Brzezinski. Wenn die anderen nicht aufpaßten, hatte dieser Mann im Handumdrehen den Außenminister, den Verteidigungsminister und den Direktor der CIA an die Wand gespielt.

Was sich da in den sechziger und siebziger Jahren begab, hat sich während Präsident Reagans Amtszeit ins Gegenteil verkehrt. Zwischen den kräftigen Figuren Schultz, Weinberger und Casey in Außenamt, Pentagon und CIA ist die Bedeutung des Sicherheitsberaters geschwunden. Er kann allerdings großen Schaden anrichten, wie ein bislang eher unbekannter Admiral ohne politische Erfahrung und Instinkte in diesem Amt mit den Geheimverhandlungen über Waffen und Geiseln in Teheran bewies.

Der Stab des »Chief Executive« sollte ursprünglich nur als sein Auge und Ohr dienen und seine Entscheidungen vorbereiten. Er rekrutierte sich zumeist aus dem Heimatstaat des Präsidenten. So, als könne man doch nur dem trauen, der mit den Zeichen des eigenen Stammes tätowiert ist. Kennedy brachte die Massachusetts-Mafia, Johnson die Texas-Boys, Nixon seine Kalifornier mit dem deutschen Namen und Carter die ungehobelten Burschen aus Georgia mit nach Washington. Nach jahrelangem Wahlkampf, den Geschmack von zähem Huhn und gechlortem Wasser im Motel noch auf der Zunge, empfanden diese politischen Neulinge die Atmosphäre und Delikatessen Washingtons oft als berauschend. »Denken Sie dran«, sagte Präsident Johnson zu einem neuen Mitglied seines Stabes, »wenn Sie aus dem Weißen Haus telefonieren, so ist das, als richteten Sie eine Haubitze auf Ihren Gesprächspartner.«

Friktionen zwischen Weißem Haus und Kongreß entstanden in den ersten Amtsjahren des jeweiligen Präsidenten häufig aus Reibungen zwischen den Stäben auf der mittleren Ebene; frisch aus Kalifornien in den Dunstkreis des Weißen Hauses gesogen, entwickelt man ein Selbstbewußtsein, das den alteingesessenen Herren auf dem Capitol auf die Nerven geht. Unter Ford und Carter traf der Stab eine Unzahl von Entscheidungen selbständig und diente als verlängerter Arm des Präsidenten auf dem Kampfplatz zwischen den verschiedenen Machtzentren Washingtons. So muß er auch heute gesehen werden; mit dem Unterschied zu früher, daß die Direktiven des Präsidenten in all ihrer Seltenheit um so gewichtiger sind – siehe Steuerreform, SDI, Contra-Hilfe und Gipfeldiplomatie –, und daß Reagans hartnäckige Popularität und sein enormer Charme ihm einen Einfluß auf die Entscheidungen der Volksvertretung sichern, wie ihn seit langem kein Präsident gehabt hat. Man kann aber sicher sein, daß während der letzten zwei Jahre der Reagan-Epoche die institutionellen Schwächen der Präsidentschaft (das heißt, die Stärken der anderen Verfassungsgewalten) wieder deutlicher zutage treten.

Die Bekehrung zur Republikanischen Partei ist bei Reagan erst spät erfolgt. Sein Idol seit der ärmlichen Jugendzeit während der Großen Depression ist immer Franklin D. Roosevelt gewesen, dieses unerreichte Vorbild aller Präsidenten als Beweger des Kongresses, Schmied einer der haltbarsten Koalitionen in der Demokratischen Partei, Herr über die Kommunikation mit dem Wähler und Magier der Bürokratie – er zauberte sie aus dem Hut und hielt sie durch Teilung unter dem Daumen.

Kongreß und Bürokratie beherrschte er durch die Demokratische Partei. Daß er als einziger vom ganzen Volk gewählt wurde, legte es nahe, mit dem ganzen Volk häufig zu sprechen. Roosevelt entwickelte für die neue Technik des Radios den »Fireside chat« zu einer Kunst – Reagan hat darauf in einem wöchentlichen Rundfunkprogramm zurückgegriffen und mit seiner schauspielerischen Gewandtheit dem Fernsehauftritt neue Möglichkeiten abgetrotzt.

Die Vorteile, die der Präsident vor all seinen möglichen Konkurrenten durchs Fernsehen genießt, sind unbestreitbar. Kraft seines Amtes kann er bei jedem gebotenen Anlaß auf der Mattscheibe erscheinen. Die Auftritte lassen sich arrangieren, weil sie, was immer sonst sie bedeuten mögen, News für die Networks sind. Eine Pressekonferenz des Präsidenten, live im Fernsehen, ist schon wegen der unkontrollierbaren und respektlosen Fragesteller eine Show mit hoher Einschaltquote. Der Präsident tritt durch diese Diskussion in eine Beziehung zum Wähler, die nicht durch die Schere der Cutterin, den Bleistift des Redakteurs, das kürzende Machtwort eines Programmdirektors oder Verlegers verfälscht werden kann.

Wichtige Ereignisse werden deshalb seit dreißig Jahren von den Fachleuten im Weißen Haus so gelegt, spektakuläre Auftritte in Peking oder Moskau werden so terminiert, daß man sie direkt in die Abendnachrichten einspeisen kann. Bei alledem ist dann der Präsident umgeben von blitzeschleudernden Adlern oder Garden in Paradeaufstellung, vor dem imposanten Hintergrund der Airforce One, oder, wenn es auf Volksnähe ankommt, vor der Küchenwand eines Bergarbeiter-Hauses, in das er sich zum Dinner einlädt. Die Grenzen zwischen Politik und Show verschwimmen. Wenn man an Napoleon oder Hitler denkt, mag man fragen, ob es diese Grenzen je gab. Sicher ist, daß der eine die Show besser beherrscht als der andere. Die Entscheidung im Wahlkampf fiel mehrmals in der Fernseh-Debatte; 1960 zwischen Kennedy und Nixon, 1980 zwischen Reagan und Carter.

Kennedy begrüßte die Fernsehpräsidentschaft und ließ als erster den Wähler durch Kamera und Mikrophon an den Entscheidungen teilnehmen, die im Weißen Haus oder im Justizministerium seines Bruders beim Kampf um die Bürgerrechte der Farbigen im Süden getroffen wurden. Kennedy entdeckte aber auch als erster die Gefahren und Fallstricke der Überbelichtung des Präsidenten durch das Fernsehen. Er verglich die Television mit der Trunksucht. Zeitweilig ist sie durch immer häufigere Schlucke zu beruhigen, am Ende aber hinterläßt sie Schadensmale. Zuviel Weißes Haus, zuviel Washington setzen sich in Langeweile und Irritation des Zuschauers um. Notfalls kann man ohne Fernsehauftritt regieren. Einen Wahlkampf gewinnen ohne die Fernsehkamera, das kann man allerdings nicht.

Für die Präsidentschaft nominiert, zum Präsidenten der Vereinigten Staaten gewählt und nach vier Jahren im Amt erneut bestätigt zu werden, das erfordert einen ganzen Mann. Zum Regieren ist kaum Zeit, soviel Wahlkampf muß geführt werden. Das klingt nur sarkastisch, tatsächlich ist es eine Vorbedingung für das Funktionieren des amerikanischen Systems. Es muß und soll oft gewählt werden, und das auf den verschiedensten Ebenen, wenn eine Regierung durch das Volk und für das Volk zustande kommen soll. Der Wähler soll sich vor Alternativen gestellt sehen. Dazu ist es nötig, daß sich zwei, und besser nicht mehr als zwei, siegversprechende Koalitionen bilden, die nach dem Sieg fähig sind, zu regieren.

Solche Koalitionen wachsen nicht über Nacht. Nixon, bereits als Vizepräsident um die Formierung einer eigenen Machtbasis besorgt, tat nach seinen Niederlagen gegen Kennedy und in den kalifornischen Gouverneurswahlen sechs Jahre lang unablässige Überzeugungsarbeit. Reagan mühte sich um die Bildung seiner Mitte-Rechts-Koalition sechzehn Jahre lang. Carter hingegen war ein Unbekannter. Er überrumpelte seine Partei mit der simplen Formel »Aufräumen in Washington«. Das führte ihn zwar nach der Präsidentenkatastrophe von Watergate schnell ins Weiße Haus, aber da es schwer ist, in Washington gegen Washington zu regieren, wurde er nicht zum Führer einer regierungsfähigen Koalition. Seine Partei bröckelte auseinander. Nachdem ihn seine Heimat als ersten Südstaatler seit dem Bürgerkrieg ins Weiße Haus gewählt hatte, verlor er gegen Reagan auf geradezu schmähliche Weise selbst seine Basis in den Südstaaten.

Die Gründe der Niederlage dürfen nicht nur in Carters Person gesucht werden. Sie liegen auch in der Ermattung der einst so dominierenden Demokratischen Partei. Sie ist zwar auf der regionalen Ebene und im Repräsentantenhaus immer noch zahlenmäßig stärker als die republikanische; aber sie hat ihren Kitt verloren. Die alte Roosevelt-Koalition des verarmten Südens mit den bedrohten Farmern des Mittleren Westens und den Massen von Einwanderersöhnen in den Fabriken des Nordostens – die gibts nicht mehr. Ihre Elemente haben sich gewandelt. Ein Wunder, daß ihr Nimbus solange gehalten hat – bei einer Völkerwanderung vom kalten Nordosten in den warmen Südwesten, vom Land in die Stadt, von den Stadtkernen in die Vororte und von den Vororten auf die

Landgüter. Kein Wunder, daß die Koalition zerbrach beim Umzug aus der Werkstatt in die Universität, aus der Fabrik ins Büro, von der schweren Industrie zur ganz leichten der Kommunikationstechnik, aus der Küche in den Service, von der Fließband-Vergangenheit in die Zukunft der Mikroprozessoren und der Gentechnik. Die Demokratische Partei kann seit Jahren weder die Ängste der Zukurzgekommenen noch die Hoffnungen der Aufsteiger auffangen und sie zum Zement einer tragfähigen Koalition machen.

Diese Unfähigkeit entspringt einer Grundstimmung, die sich schon seit der Zeit vor Reagan ankündigte. Das innere Pendel der amerikanischen Philosophie schwang von der durch viele Rückschläge diskreditierten liberalen Experimentierlust in beiden Parteien zu konservativer Vorsicht und traditionellen Wertvorstellungen. Bei den Präsidentschaftswahlen 1980 und 1984 stellte sich dieser Umschwung als massenhafte Fahnenflucht ehemals unerschütterlicher Demokraten dar. Polen, Griechen, Ukrainer, Puertoricaner, Gewerkschaftler, Südstaatler, Katholiken verließen ihren angestammten Platz und wählten Reagan. Ob sie auch auf die Dauer zur Republikanischen Partei übergelaufen sind, wird sich erst noch herausstellen.

Es ist eine wichtige Frage. Zugespitzt läßt sich der relative Niedergang der USA seit den Johnson-Jahren als Folge des mangelnden Integrationsvermögens der Demokratischen Partei beschreiben. Sie hat in den siebziger Jahren nur extravaganten oder schlicht unmöglichen Präsidentschaftskandidaten den Vorzug gegeben. Ihre professionellen Politiker haben sich von Amateuren, Ideologen und Fanatikern der »Single Issue«-Gruppen überrumpeln lassen: also von denen, die einen Kandidaten oder Abgeordneten nur gemäß seiner Haltung zu Kernkraft, Waffenschein, Frauenhaus oder Homosexualität beurteilen und verurteilen. Eine Partei muß aber die Wähler zu Kompromissen befähigen, sonst verliert sie nicht nur die Wahlen, sondern Sinn und Zweck.

Reagan und seinen Beratern gelang es dagegen und gelingt es bis dato immer wieder, Ängste zu lenken und durch Hoffnungen zu überwölben. Genügt es aber auf die Dauer, Inflation und Leistungsverfall als Folgen drükkender Steuern und aufgeschwemmter Wohlfahrtsbürokratie zu definieren und dagegen mit der Aussicht auf geringere Steuern und ein günstiges Klima für neue, junge Unternehmen zu antworten? Mit so einfachem Funkenschlag und ein wenig Charisma, Fahnenschwingen, Gottvertrauen und Abschüssen libyscher Flugzeuge läßt sich wohl kaum eine Wende auf längere Sicht bewerkstelligen, eine Wende, die durch die Rezession tragen muß, bis Amerika »wieder da ist«.

Die Republikanische Partei ist numerisch in der Minorität, fühlt sich aber unter Reagan im Aufwind und hofft, den Status der Mehrheitspartei mit der Zeit wiederzugewinnen, zunächst in den Gouverneurshäusern und Parlamenten der Einzelstaaten. Sie ist keineswegs homogen, sie beherbergt christliche Gruppen, in deren Augen Marx und Darwin gleichermaßen des Teufels sind, neben ehemaligen Trotzkisten, die in ihren Zeitschriften einen seltsam einspurigen Neukonservativismus versprühen; sie beherbergt liberale Strömungen der Ostküste wie ultrakonservative Selfmademen im fernen Westen, sie ist die Partei des Geschäftslebens, des Mittelstands, der Aufsteiger, der Erweckungskirchen, der männlichen Tüchtigkeit und der weiblichen Tugend, der Frömmler wie der fluchenden Spielertypen – mit einem Wort, sie ist uramerikanisch. Es sieht so aus, als würde in einem der langen Wellenschläge der amerikanischen Innenpolitik aus dieser Minderheitspartei der weißen, protestantischen, kapitalistischen Oberschicht wieder eine Volkspartei werden, eine Volkspartei allerdings ohne Schwarze, geeint durch einen schlauen und charismatischen Führer, der sich als erster Präsident der Nachkriegszeit auf eine Koalition der Art stützen kann, wie man sie in Europa eine »Bewegung« nennen würde.

Die Kerntruppe dieser Bewegung – jedenfalls ihr lautstärkster Bestandteil – besteht aus Fundamentalisten. Es sind die wortgläubigen Protestanten des südstaatlichen Bibelgürtels. Politisch nennen sie sich bescheiden die »Neue Rechte« oder vollmundig die »moral majority«. Es ist eine Schicht, die um einige Sprossen tiefer auf der sozialen Leiter angesiedelt ist als die drei Jahrhunderte lang tonangebende calvinistische Gesellschaft Neuenglands. Die moral majority verteidigt gegen das aufgeklärt-liberale Establishment die traditionellen Werte Amerikas. Ihre Erkennungsmarke ist der Kampf um das Gebet in der Schule und gegen die Abtreibung, genauer gesagt, gegen die Finanzierung von Abtreibungen aus öffentlichen Mitteln. Sie steht in Opposition zum Obersten Gerichtshof, welcher Verfassungskonflikte (Schulgebet, Abtreibung) in den Jahrzehnten seit dem Zweiten Weltkrieg im liberalen, manchmal allzu weitherzigen Sinne entschied. Die Fundamentalisten sehen mit der Lockerung der Anschauungen und Bestimmungen über Frühschwangerschaft, Abtreibung, Drogengebrauch, Homosexualität ihr Wertesystem bedroht. Nicht materielle »Interessen« stehen auf dem Spiel, sondern moralische Werte. Um sie handelt es sich letzten Endes auch in den Schulen beim Kampf der Fundamentalisten um eine Darstellung der Schöpfung nach biblischer Tradition – im Gegensatz zur Darwinschen Entwicklungslehre, welche die Schulen beherrscht. Man erinnert sich, daß die großen »Wert«-Konflikte der zwanziger Jahre in Amerika um die Evolutionslehre (Affenprozeß) und die Prohibition kreisten. Sie wurden bereits damals im Bibelgürtel der USA mit besonderer Heftigkeit ausgefochten. Dem Bannfluch gegen den Alkohol entspricht heute der Kampf gegen die Droge. Bei den meisten der aufgezählten Reiz- und Konfliktstoffe werden traditionelle moralische Grundsätze deutlicher herausgefordert als materielle Interessen.

Die Fundamentalisten sehen den Sinn ihres Lebens in der Verteidigung der Familie, der Nachbarschaft, der kirchlichen Gemeinde und im Schutz christlicher Glaubenslehren gewährleistet. Ihnen gegenüber steht ein großstädtisches Wertsystem – gelebt in einer Gesellschaft, die das Individuum aus den Zwängen und Fesseln der Familie, Gemeinde und Kirche befreit haben will und am Grad eben dieser Entfesselung den Wert einer guten Gesellschaft mißt.

Nun sind diese Gegensätze der Doktrinen nicht neu. Zum Ohrenspitzen ist jedoch, daß die fundamentalistische Kerntruppe der Republikanischen Partei Bündnisse mit Elementen der amerikanischen Gesellschaft eingegangen ist, denen sie bisher feindlich gegenüberstand. Traditionell ist der Bibelgürtel antikatholisch, antisemitisch und rassenbewußt. Katholiken, Juden und in minderem Grade die Farbigen des Südens galten nicht als waschechte Amerikaner. Die Abneigung beruhte auf Gegenseitigkeit. Doch gab die zunehmende Verweltlichung, um nicht zu sagen Verwilderung der Sitten Amerikas allen traditionsbewußten Gruppen zu denken. Der Oberste Gerichtshof bedroht mit seinen Urteilen im Sinne eines säkularisierten Humanismus den Zusammenhalt der katholischen wie der protestantischen Familie und Nachbarschaft. Ursprünglich hatten sich Katholiken und Juden Amerikas gegen das gemeinsame Gebet in den öffentlichen Schulen gewehrt, weil es calvinistischen Formulierungen folgte. Mit der Zeit wurde aber beiden Gruppen das vom Obersten Gericht verpönte Schulgebet als Symbol geistiger Disziplin immer wichtiger, wichtiger jedenfalls als die Forderung nach dem religiös lupenreinen Inhalt.

Bezüglich der Handhabung von Schwangerschaftsunterbrechungen stimmt das Dogma der bibelgläubigen

Protestanten mit dem der romtreuen Katholiken überein. So brachten die Entscheidungen der Gerichte zwei ursprünglich verfeindete Gruppen in ein Zweckbündnis hinter die republikanische Reagan-Regierung, weil die auf ihre Fahnen die Wiederherstellung der traditionellen Werte Amerikas geschrieben hat.

Die fünfzig Millionen Katholiken haben erst durch die Wahl von John F. Kennedy zum Präsidenten den Status einer Minderheit verloren, die unter Diskriminierungen zu leiden hat. Ihr politischer Einfluß ist am stärksten in den Einwanderer-Hochburgen der Industriestädte des Nordostens. Der irische Polizist, der italienische Feuerwehrmann, der polnische Stahlwerker – das sind die Prototypen eines frommen, soliden und streng konservativen Teils der amerikanischen Bevölkerung. Ihr Lebensgefühl findet in der Nachbarschaft, der Prozession und der großen Familie Befriedigung. Es unterscheidet sich so sehr nicht von dem eines bibelfesten Tankstellenwarts in einer kleinen Stadt Tennessys. Beide Gruppen, dereinst stramme Demokraten, finden sich nun politisch im Widerstand gegen die Umverteilungsexzesse des modernen Wohlfahrtsmolochs und damit im Heerlager Ronald Reagans, wenn auch noch nicht total unter den Bannern der Republikanischen Partei.

Die anderen beiden ähnlich konservativen Gruppen – Juden und Schwarze – scheuen sich vor einer solchen Identifizierung. Begreiflich, weil die Juden politisch wenig Neigung zu einer Ehe mit aggressiven, christlichen Kleinbürgern haben können. Verständlich, weil den Farbigen bei ähnlich gelagertem Wertempfinden das Hemd näher ist als der Rock; die Reagan-Regierung neigt nicht zur obligatorischen Bevorzugung der Farbigen, etwa durch das Quotensystem im öffentlichen Dienst, wie es von den Demokraten eingeführt wurde. Die ökonomische Situation des Durchschnitts-Schwarzen ist und bleibt nach wie vor unterdurchschnittlich. Das hält ihn so sicher im Schoß der Demokratischen Partei, wie dem Neger-Spiritual zufolge Abraham im Schoße des Herrn liegt.

Man wird mit seinem Urteil vorsichtig sein müssen und abwarten, ob die Koalition der Traditionalisten von Dauer ist und was die Demokraten mit der wiedergewonnenen Mehrheit in beiden Häusern des Capitols anfangen. In dieser Phase der amerikanischen Geschichte scheint jedoch die Republikanische Partei besser imstande als die Demokraten, hinter einem Präsidenten die Große Koalition zustande zu bringen, ohne die das Weiße Haus, das Capitol und die Bürokratie der Ministerien keinen Consensus schmieden können. Irgendwann müssen ja die großen Gegenspieler der amerikanischen Verfassung an einem Strang ziehen können. Dieser Zustand ist heute mehr als ehedem von der Kohäsion der Parteien abhängig. Nationale Parteiführungen, die den lokal wichtigen Klüngeln und Wahlvereinen eine gemeinsame Sprache geben, existieren erst seit kurzer Zeit. Nur die Unterstützung durch eine intakte Partei versetzt aber den Präsidenten in die Lage, die Machthebel zu betätigen, die ihm die Verfassungstheorie zugesteht und die Praxis des Kongresses häufig verweigert.

Der jetzige Bewohner des Weißen Hauses war im Gegensatz zu seinen fünf Vorgängern kein Marineoffizier. Manchmal scheint er sich um die Details der Navigation nicht zu kümmern. Dafür reitet er gut, sitzt also fest im Sattel. Er hat sechs Jahre lang recht erfolgreich Flexibilität und Hartnäckigkeit in etwa gleicher Dosierung bewiesen. Er ist kein Dogmatiker, sondern Pragmatiker. Man könnte auf ihn ein Wort von Henry Kissinger münzen, das der auf Bismarck bezog: »Wer die Ereignisse beeinflussen will, muß bis zu einem gewissen Grade Opportunist sein. Man muß aber einen Unterschied machen zwischen denen, die ihre Absichten der Realität anpassen, und denen, welche die Realität im Lichte ihrer Absichten zu formen versuchen.«

Auf die pragmatische Art der Amerikaner ist im allgemeinen Verlaß. Mit der sind wir bisher nicht schlecht gefahren. Unerwartete Kehrtwendungen und sensationelle Experimente sind von einem System nicht zu befürchten, das der Exekutive den Mühlstein der Kongreß-Ausschüsse umgehängt hat und das weder seine Pläne noch die Inhalte seiner Archive für sich behalten kann. Das Kursbuch liegt offen zutage. Man muß nur Einsicht nehmen – dann gewinnt man die Gewißheit, daß es die oft geschmähten »checks and balances« sind, daß es die Gewaltenteilung ist, welche die Vereinigten Staaten auf einem voraussehbaren Kurs hält. Das Gleichgewicht zwischen Capitol und Weißem Haus kennt Pendelschwünge, aber es ist ein stabilisierender Faktor der amerikanischen Außenpolitik und somit im Weltgetriebe.

Verläßt uns Amerika?

Es gibt Deutsche, die sich besorgt fragen: »Verläßt uns Amerika?« Und es gibt eine Menge Amerikaner, die über den Atlantik spähen und wissen wollen: »Ist auf die Deutschen noch Verlaß?«

Ich versuche mich nicht an einer Antwort auf diese letztere Frage. Sie betrifft die Bündnistreue der Bundesrepublik. Die ist bisher nur indirekt und nicht unter dem Druck einer schweren Krise auf die Probe gestellt worden. Es wäre schön, wenn uns das auch weiterhin erspart bliebe.

Die Frage »Verläßt uns Amerika?« entspringt vordergründig den latenten Zweifeln an amerikanischer Bündnistreue; sie enthält jedoch eine viel umfassendere, politische Dimension. Sie wird deshalb hier nicht als Vorwurf oder Klage vorgebracht (»Läßt uns Amerika etwa im Stich?«), sondern will zum nüchternen Nachdenken darüber anregen, ob die Entwicklung der beiden Völker auseinanderläuft. Ob wir uns voneinander entfernen – vielleicht mit unterschiedlicher Energie und womöglich in verschiedene Richtungen. Der Historiker kennt Beispiele dafür, daß an einer starken und ungleichmäßigen Veränderung des Lebensgefühls mit der Zeit auch eine Allianz Schaden nimmt, die sich beinahe vierzig Jahre lang gut bewährt hat. Das gereizte Verhältnis zwischen den USA und Neuseeland diene als Exempel aus jüngster Zeit. Es hat sich nicht infolge von Mißverständnissen unglücklich entwickelt, sondern weil in Neuseeland das Mißtrauen gegen die Kernkraft stärker wurde als die Erinnerung an die Bedrohung durch einen gemeinsamen Gegner.

»Verläßt uns Amerika?« In der Zuspitzung auf Bündnisprobleme würde das heißen: »Nimmt es Washington nicht mehr genau mit der Erfüllung seiner militärischen und diplomatischen Verpflichtungen im nordatlantischen Vertragsraum?« Das kann niemand behaupten. Eher trifft die Kritik der europäischen Linken und der amerikanischen Rechten zu, daß Washington die vereinbarten Maßnahmen zur Verteidigung der Nordatlantik-Sphäre zu genau und buchstäblich nimmt. Die Linken Europas sehen dadurch die Entspannung behindert und die Bundesrepublik in einer entwürdigenden Zwangsjacke.

Der Neuen Rechten Amerikas stellen sich dagegen angesichts der schleppenden Leistungen der europäischen Alliierten weitere Anstrengungen Amerikas als herausgeworfenes Geld dar. Soll man doch seine Mittel lieber da konzentrieren, wo sie gegen den Druck der Sowjetunion am nötigsten sind: im Stillen Ozean und im Mittleren Osten.

Diese Überlegung ist nicht frei von gekränktem Stolz.

Die Europäer haben zu oft amerikanische Maßnahmen außerhalb des nordatlantischen Vertragsgebiets auf schnöde Weise ohne Unterstützung gelassen. In scharf gestochener Erinnerung bei der amerikanischen Rechten ist die französische Verweigerung der Überflugrechte für die Bombardierung von Tripolis 1986, aber auch die Unterbindung der Waffenhilfe für Israel durch die Regierung der Bundesrepublik in der Krise des Jom-Kippur-Krieges. Dagegen erscheint die Hilfe der USA für England im Falklandkrieg als selbstlose Freundestreue. Hat sie doch das Verhältnis zu den lateinamerikanischen Schwesterstaaten schwer belastet.

Die Neue Rechte ist mit ihren bündniskritischen Ratschlägen nicht ohne Einfluß in Washington. Die große Mehrheit im Kongreß und im Volk erblickt jedoch in der NATO trotz aller Enttäuschungen eine nützliche Schöpfung. Vierzig Jahre Frieden in Europa, wenn auch durch das Paradox der Abschreckung mit Atomraketen erzielt – das ist schon was! Der Sprache der Tatsachen verschließt sich der Amerikaner nicht.

Gefahren drohen der Allianz aus Washington eher durch Verhandlungen mit der anderen Supergroßmacht über die Rüstungskontrolle, mißgeleitet oder mangelhaft vorbereitet, wie sie manchmal sind. Die Gipfelkonferenz von Reykjavik hat da manchem Befürworter von Abrüstungsverhandlungen um jeden Preis die Augen geöffnet. Reagan und seine Berater, im sechsten Regierungsjahr durchaus nicht mehr in der besten Verfassung, jagten einem Phantom nach oder setzten sich selbst unter Erfolgszwang, als sie sich mit der Nullösung und kurzfristigen Verschrottung ihrer Raketenarsenale verbal auf Zugeständnisse einließen, die im internationalen Machtpoker ebenso wie im Großmeisterschach nicht ratsam sind. Die Absicht der Sowjets läßt sich kaum anders interpretieren, als daß sie sich unter dem Deckmantel des Abtauschs der Raketen erst die zeitweilige, dann die dauernde militärische Überlegenheit in Europa garantieren lassen wollten. Die goldenen Federhalter lagen schon bereit. Reagans hartnäckiges Festhalten an der Strategischen Verteidigungs-Initiative hat den gefährlichen Zugeständnissen in letzter Minute den Boden entzogen. Die Allianz hat das vor einem bitteren Zerwürfnis bewahrt. Die europäische Diplomatie hätte auf den amerikanischen Senat setzen müssen, um die Ratifizierung solcher Verträge des Weißen Hauses zu verhindern.

Das Prinzip der Gewaltenteilung, sonst nicht immer beliebt bei den europäischen Partnern im Bündnis, wäre in diesem Fall eine willkommene Bremse gewesen; als besonders wirksam muß man sie ansehen, seitdem durch die Machtverschiebung im amerikanischen Senat eine kundige Hand wie der demokratische Senator Sam Nunn an die Schaltstelle für sicherheitsstrategische Entscheidungen gelangt ist. Der Senator aus Georgia verwaltet als Großneffe von Carl Vinson und als Erbe des Sitzes von Senator Richard Russell die Tradition zweier Mit-Architekten des Nordatlantikpaktes. Solche Zusammenhänge verleihen der Allianz ihre innere Standfestigkeit – es gibt amerikanische Eliten, die zum Bündnis stehen, über alle

Wechselfälle hinweg, weil es ein stabilisierender Faktor des Weltgefüges geworden ist.

»Verläßt uns Amerika?« Die Frage wird immer gestellt, wenn die Vereinigten Staaten in Situationen militärisch intervenieren, die nach Bonner Ansicht zu den exotischen gehören. Hier wäre ein Wort darüber am Platz, wie das Pentagon die Rolle des amerikanischen Militärs in Krieg und Frieden sieht. Es ist möglicherweise eine Überraschung für die Kritiker des Verteidigungsministers Caspar Weinberger, wenn sie den Jahresbericht studieren, den er Anfang 1986 dem Kongreß zugehen ließ. Er nennt darin unter anderem sechs Kriterien, welche die Vereinigten Staaten vor dem Einsatz ihrer Streitkräfte beachten sollten:

1. Nur wenn lebenswichtige Interessen auf dem Spiele stehen, sollten militärische Operationen unternommen werden. Die Interessen der USA schließen die ihrer Verbündeten ein.

2. Wenn die Vereinigten Staaten den Einsatz ihrer Truppen in einer bestimmten Situation für notwendig halten, müssen sie in einer für den Sieg ausreichenden Zahl eingesetzt werden. Wenn das nicht geschieht, soll man es lieber bleibenlassen.

3. Nur bei klar definierten politischen und militärischen Zielen ist es gerechtfertigt, Streitkräfte zum Einsatz zu bringen.

4. Dabei müssen die folgenden grundlegenden Fragen ständig überprüft werden: Stehen lebenswichtige US-Interessen auf dem Spiel? Sind die für einen Sieg ausreichenden Kräfte und Hilfsmittel eingesetzt? Sind die Ziele klar definiert? Wenn ja, dann sollte weitergekämpft werden. Lautet die Antwort »nein«, dann hätte der Kampf erst gar nicht aufgenommen werden sollen. Niemals wieder dürfen US-Streitkräfte in einen Krieg geschickt werden, den das Land nicht zu gewinnen beabsichtigt.

5. Bevor die Vereinigten Staaten Kampftruppen im Ausland einsetzen, sollte sich die US-Regierung der Unterstützung des amerikanischen Volkes und dessen gewählter Vertreter, des Kongresses, weitgehend sicher sein. Solche Sicherheit kann nicht durch eine Meinungsumfrage geschaffen werden. Die Öffentlichkeit wählt ihren Präsidenten als ihren Führer und nicht, weil er ihr folgt. Er schwört, die Verfassung zu schützen und zu verteidigen. Das Volk erwartet, daß der Kongreß auf die gleichen Grundsätze und Pflichten eingeschworen ist. In diesem Sinne müssen der Präsident und die Verantwortlichen im Kongreß den zum Schutz unserer lebenswichtigen Interessen notwendigen allgemeinen Konsens schaffen. Eine dauerhafte Unterstützung durch die Öffentlichkeit ist nicht erreichbar, wenn es die Regierung unterläßt, ausreichend klar zu machen, warum unsere lebenswichtigen Interessen bedroht sind und auf welche Weise wir un-

ter Einsatz amerikanischer Truppen ein klares, lohnendes Ziel erreichen können. Von den US-Truppen kann nicht verlangt werden, zu Hause einen Kampf mit dem Kongreß zu führen und gleichzeitig zu versuchen, einen Krieg in Übersee zu gewinnen. Auch wird das amerikanische Volk es nicht einfach hinnehmen und zusehen, wie US-Truppen als Figuren auf einem großen diplomatischen Schachbrett geopfert werden.

6. Und schließlich sollte es sich beim Einsatz amerikanischer Truppen für militärische Operationen um ein äußerstes Mittel handeln, das erst angewandt wird, nachdem alle diplomatischen, politischen, wirtschaftlichen und anderen Möglichkeiten zum Schutz unserer lebenswichtigen Interessen ausgeschöpft sind.

Das klingt nicht abenteuerlustig. Der Vietnamkrieg, ein Kampf ohne Kriegserklärung, ohne Kriegsziel und ohne Dank zittert da nach. Die sechs Kriterien sind deutlich von Vietnam inspiriert und auf Mittelamerika gemünzt. Dort war in früheren Zeiten die Verlockung zu amerikanischer Intervention übermächtig. Das Militär möchte aber nicht wieder als Handlanger von Interessen verschlissen werden, die heute weder als vital noch als legitim gelten. Auch möchte es nicht zum Bauern auf dem »diplomatischen Schachbrett« degradiert werden, wie im Libanon geschehen.

Wiederum wäre es falsch, die »Weinberger-Doktrin« als Freibrief für weitere kubanische und sowjetische Expansionsgelüste in der Karibik zu betrachten. Wer sich die Weltkarte ansieht, wird erkennen, warum die USA die Kontrolle über ihre südlichen Küsten und über den Panama-Kanal nicht dem weltpolitischen Rivalen überlassen werden.

Aber nicht das Pentagon wird im Falle eines Falles die Gegenmaßnahmen bestimmen, sondern die zivile, die gewählte Gewalt. Mit seltenen Ausnahmen halten sich amerikanische Generale nicht für gottgesalbte Staatsmänner.

Alles in allem darf man dem nordatlantischen Bündnis, soweit es die beiden Partner USA und Bundesrepublik angeht, eine vorsichtig optimistische Prognose stellen. Amerika macht keine Anstalten, uns zu verlassen. Die Sowjetunion sorgt dafür, daß die zentrifugalen Kräfte nicht zu stark werden. Die NATO als Bündniskern ist wohl auch flexibel genug, ihre Struktur den neuen Sicherheitsbedürfnissen Amerikas im Stillen Ozean anzupassen. Im Klartext heißt das: Sie würde eine Verlagerung von Streitkräften dorthin ohne Schaden überstehen, solange die Einsicht vorherrscht, daß die Verteidigung der Demokratien im Zeichen von SDI global organisiert werden muß und nicht in wasserdichte Abteilungen zerlegt werden kann.

Da mit diesen Spekulationen bereits Zeiträume anvisiert werden, die ins nächste Jahrtausend reichen, wollen wir auf dem Boden greifbarer Tatsachen bleiben und der Frage »Verläßt uns Amerika?« eine andere Wendung geben. Hat Präsident Reagan für die verbleibenden zwei

Jahre Amtszeit Gleise gelegt, auf denen die amerikanische Staats- und Wirtschaftsmaschine in einer Richtung fortfährt, mit der unsere deutsche, bundesrepublikanische Entwicklung synchron verlaufen kann?

Die amerikanische Szene ist seit 1932 von der New-Deal-Politik Franklin Roosevelts und ihren Ausläufern beherrscht. Präsident Reagan hat diese Entwicklung nicht umgedreht, sondern im großen und ganzen ratifiziert. Das überragende Bedürfnis des Mittelstands nach ökonomischer Sicherheit wird nun allgemein anerkannt, die Bewegung hin zum Wohlfahrtsstaat allerdings abgebremst. Die Regierung, so hat man sich bei aller zuwiderlaufenden Rhetorik praktisch geeinigt, schuldet der Mittelklasse wirtschaftliche Sicherheit. Dafür duldet und finanziert der Bürger die Beibehaltung des Sicherheitsnetzes für die Abhängigsten und Ärmsten.

Unter dieser Rahmenbedingung hat sich die Wirtschaft nach der Rezession von 1981/82 erholt. Sie erlebte vier Jahre lang ein kontinuierliches, wenn auch nicht überwältigendes Wachstum von zwei bis drei Prozent. Die Arbeitslosigkeit ging zurück und stabilisierte sich bei etwa sieben Prozent. Hand in Hand damit ging die Zunahme der Jobs um reichlich zwanzig Millionen.

Erzielt wurde das durch kräftige Steuersenkungen und durch die Aufnahme hoher Kredite. Damit wurde eine umfassende Wiederaufrüstung finanziert, ohne daß die gesetzlich festgeschriebenen Sozialleistungen gemindert werden mußten. Sie wurden vielfach vom Bund auf die Einzelstaaten und Gemeinden verlagert. Für all das bestand der Preis in einer stark ansteigenden Binnen- und Außenverschuldung.

Die Vereinigten Staaten sind aus einem Gläubigerland zu einem Nettoschuldner geworden. Die Zinsen für die Staatsschulden sind der am raschesten steigende Teil des Staatsbudgets. Dieses selbst befindet sich Jahr für Jahr in einem Minus von rund 150 Millarden Dollar. Den Durchschnittsamerikaner hat das bisher nicht alarmiert. Kreditaufnahme gehört in der Neuen Welt zu den Zeichen von Optimismus und Zuversicht. Ein Volk, das sich immer erneut eine strahlende Zukunft ausrechnet, sieht gern großzügige Kreditlinien.

Der Kongreß versucht, den Defiziten im Haushalt durch ein Gesetz automatischer Kürzungen quer durch das Budget eine obere Grenze zu setzen. Bisher gelingt das nur vermittels buchhalterischer Tricks. Die Defizite bleiben. Soweit sie durch Anleihen gedeckt werden, gibt der Bürger seine Dollars voll großen Vertrauens in seinen Staat her. Es fällt offenbar leichter, als hohe Steuern zu zahlen. Und es ist ja unstreitig kein so ungerechtes System, welches den Wohlhabenden zum Zeichnen von Anleihen ermuntert, während es dem Armen geringere Steuern abknöpft. Nur abgefeimte Pessimisten sagen voraus, daß eines Tages des Bürgers Anleihen wertlos und seine Steuern trotzdem sehr hoch sein werden.

Das Defizit in der Handelsbilanz muß man ernster nehmen. Die Amerikaner führen jährlich für 150 Milliarden Dollar mehr ein, als sie für ihre Ware und Dienstleistungen im Ausland erlösen. Darauf beruht viel von dem Aufschwung der Weltkonjunktur. Es wird einem häufig vorgerechnet, daß die von Japan und der Bundesrepublik erzielten Handelsüberschüsse zusammengenommen ungefähr der amerikanischen Minus-Bilanz im Außenhandel entsprechen. Wenn Tokio und Bonn also weniger exportieren und mehr importieren und verbrauchen würden, wäre die Bilanz besser ausgeglichen und müßte nicht durch künstlich herabgedrückte Dollarkurse, durch Protektionismus oder gar eine Politik des leichten Geldes korrigiert werden. Das Argument ist nicht ganz abwegig.

Trotzdem stimmt es, daß die Vereinigten Staaten den Boden der traditionellen Finanzpolitik verlassen haben. Sie müssen sich auch zerknirscht eingestehen, daß sie, statt durch Einfuhr modernster Maschinen und Verfahren ihre Produktionskraft zu steigern, den Luxus und Firlefanz von Mercedes und Porsche importieren. Das Schatzamt muß den Dollarkurs künstlich nach unten drücken, um die amerikanische Ausfuhrindustrie konkurrenzfähig zu machen. Tatsächlich zeichnet sich seit Juli 1986 ein Sinken des monatlichen Handelsdefizits ab – aber den Fortgang dieser Kurve richtig zu beurteilen, verlangt hellseherische Kräfte.

Inzwischen sind die Farmexporte des Mittleren Westens – eine traditionelle Stütze der amerikanischen Konjunktur – auf die Hälfte gesunken. Nicht, weil Kansas-Weizen und Iowa-Mais schlechter geworden sind, sondern weil rings um den Globus Überschüsse produziert und zu Preisen angeboten werden, mit denen der Farmer im Mittleren Westen nicht konkurrieren kann. Er hat in

Erwartung steigender Lebensmittelbedürfnisse durch Zukauf teuren Landes die Anbaufläche, seine maschinelle Ausrüstung und die Schulden bei der Bank erhöht. Dann verlor er durch die von Präsident Carter verkündeten Sanktionen wegen Afghanistan einen beträchtlichen Teil des sowjetischen Marktes. Mit sinkenden statt steigenden Exporten kamen Tausende von Farmen unter den Hammer. Ländliche Banken mußten in alarmierender Zahl ihre Tore schließen. Die Agrarsubventionen schossen in die Höhe. Die Ölpreise fielen ins Bodenlose. In Kansas, Oklahoma und Texas überlagerte eine Welle von Zusammenbrüchen die andere. Die Turbulenzen sind noch nicht ausgestanden.

Das amerikanische Bankensystem steht vor seiner härtesten Bewährungsprobe. Die innere Verschuldung und die Schulden Mexikos und Südamerikas lasten wie eine Drohung auf den Bilanzen. Große Namen wie die Bank of America wechseln den Besitzer oder mindestens das Management. Die gesetzliche Vorschrift, daß Anleihen voll abzuschreiben sind, wenn ihre Zinsen neunzig Tage lang nicht bedient wurden, zwingt die amerikanischen Banken, ihren Großschuldnern südlich des Rio Grande zur Bedienung der Kredite immer neues gutes Geld zu leihen. Mit der Rückzahlung der Hauptsumme rechnet keiner mehr. Ein Vergleich mit der großen Wirtschaftskrise nach dem Schwarzen Freitag 1929 würde jedoch hinken. Die Regierung verfügt im Gegensatz zu damals über ein gewaltiges Instrumentarium stützender und verhütender Eingriffe ins Geld- und Kreditwesen.

Die Demokraten haben in der öffentlichen Diskussion die amerikanische Wirtschaft mit einem Schweizer Käse verglichen. Außenherum, entlang den Küsten des Atlantik, der Karibik und des Stillen Ozeans, sieht alles fein aus, aber innen befinden sich große Löcher. Die Krisen der küstenfernen Staaten sind damit gemeint. Kein Zweifel, daß die strukturelle Entwicklung ungleichmäßig verläuft; im Landesinneren gibt es Gebiete auffallender Strukturschwäche. Die wettbewerbsfähigen Agrarzonen, die es ja auch gibt, liegen an der Rinde des großen Käses. In Kalifornien zum Beispiel und nahe den Küsten sind die Industrien beheimatet, die Amerika ins nächste Jahrtausend hinein wettbewerbsfähig halten sollen. Verläßt uns Amerika, eilt es uns voraus, um Pfadfinderdienste zu leisten?

Die Stichworte lauten Hochtechnologie. Flugzeuge. Raumschiffe. Datenverarbeitung. Datenübertragung. Kernkraft-Technologie. Biotechnik. Lasertechnik. Gentechnik. Durch Forschung und Entwicklung auf allen Gebieten der Rüstung gibt der Staat, der sich sonst aus dem Wirtschaften und Regulieren möglichst herauszieht, kräftige Impulse. Das SDI-Programm steht im Mittelpunkt. Die Beteiligung europäischer, israelischer, japanischer Firmen und Laboratorien fällt wirtschaftlich wenig ins Gewicht. Sie dient aber als Ansatz und Ansporn für eine Internationale der Zukunftstechnik und verknüpft die Nationalwirtschaften auf andere Weise, als die Multis es bisher taten.

Genau genommen ist es die weltumspannende Satelliten-Technik, welche die Informations- und Kommunikationsgleise für gemeinsame technische Abenteuer der Industrieländer gelegt hat. Es wird holprige Stellen geben, wo sich militärische und wirtschaftliche Gesichtspunkte in der Forschungskooperation überkreuzen. Solange es notwendig ist, geheime Verfahren vor der Sowjetunion abzuschirmen, wird Krach um die ökonomische Verwertung die Regel sein. Wenn man nach warnenden Beispielen sucht, stößt man auf den Abbruch des Technologie-Transfers im sino-sowjetischen Verhältnis. Aber die Qualität der westlichen Zusammenarbeit ist ganz anderer Art und macht die Neuauflage des kommunistischen Musters von 1961 ganz unwahrscheinlich.

Die technische Kooperation kommt in ihrer Intensität bereits der Verflechtung von Dollar, Mark und Yen auf den internationalen Finanzmärkten nahe. Diese gemeinsame Plattform kann keine Regierung verlassen, auch die der USA nicht. Trotz allem Protektionismus (gegen den sich Reagan und Nakasone stemmen) stößt selbst die Führung eines Handelskriegs auf Schwierigkeiten. Die Japaner sind die größten Gläubiger Amerikas geworden. Ihr Prokopfeinkommen hat 1986 das amerikanische überholt. Sie kaufen nicht nur amerikanische Schatzscheine und tragen dadurch, wie sie pfiffig kundgeben, zur Finanzierung der Verteidigungsanstrengungen im Kreise der demokratischen Industrienationen bei. Sie investieren auch mehr und mehr in den Vereinigten Staaten, erwerben Banken, Fabriken, Grundstücke. Sie tun das sicher nicht nur, um Zoll- und Quotengrenzen zu überspringen, sondern weil sie von der Stabilität der amerikanischen Wirtschaft überzeugt sind.

Die Vitalität der Wirtschaft wird durch Reagans große Steuerreform angestachelt. Amerikanische Steuerformulare waren bisher mindestens so unlesbar wie die deutschen. Das Jahrhundertwerk dieser Reform soll nun dem wirtschaftenden Menschen, vorwiegend aber dem Unternehmer, die Konzentration seiner Energien auf die Gesetze des Marktes statt auf die Verordnungen der Finanzämter erlauben. Er muß sie nicht auf die Umgehung oder Vermeidung unsinnig hoher Steuern verschwenden. Denkbar, daß infolgedessen die Aufgabe des amerikanischen Managers neu definiert wird.

Für diese Entwicklung ist während der ersten sechs Amtsjahre des jetzigen Präsidenten psychologisch der Boden bereitet worden. Wettbewerb ist kein Schmähwort mehr. Das wird Rückwirkungen auf die europäische Behäbigkeit haben. Zum Beispiel in dem Sinne, daß die internationalen Kapital- und Investitionsströme deutlich in Richtung der Länder fließen werden, in denen die Steuerbelastung relativ niedrig und klar überschaubar ist. Wenn es in Amerika nur noch zwei Steuersätze von 15 und von 28 Prozent gibt und weder Devisenbewirtschaftung noch diskriminierende Maßnahmen gegen Auslandskapital zu erwarten sind, dann läßt sich schon ausrechnen, wo in den nächsten Jahren das Geschäft gemacht wird.

Amerika läuft uns aber mit dieser Entwicklung nicht davon, es zieht uns mit, es ist Lokomotive und zwar, wie es den Anschein hat, eine Lokomotive ohne Lokführer. Daß sich heute dank der Computer-Automatik innerhalb weniger Minuten globale Geldströme entfesseln lassen, die keiner volkswirtschaftlichen Kontrolle unterliegen und mit den Produktivkräften der Nationen in keinem erkennbaren Zusammenhang stehen, muß Besorgnisse erregen. Der Umsatz des gesamten Welthandels in »goods and services« beträgt zweieinhalbtausend bis dreitausend Milliarden Dollar im Jahr. Der Londoner Markt in Euro-Dollars (d. h. der Leihverkehr der großen Finanzinstitutionen untereinander) schlägt in Zahlen das 25fache des Welthandels um. Diese Abkoppelung der Finanzmärkte von den Märkten für Güter und Dienstleistungen will erst einmal begriffen sein.

Verläßt uns das Amerika der Wallstreet-Spekulanten und Arbitrageure, der Investmentbanker und Fusions-Spezialisten? Wer sich im amerikanischen Fernsehen eben noch die dringlich-knappen Erläuterungen zum Dow Jones Index zu Gemüte geführt hat, wird im nächsten Augenblick einen Fernsehprediger erleben, der mit weit ausladender Gebärde die Propheten des Alten Testaments auslegt; die Studiozuschauer mit ihren gläubigen Augen überspringen dreitausend Jahre und akzeptieren die Spruchweisheit eines Nomadenvolkes als gültige Anweisung für den heutigen Tag. Das Halleluja kommt ihnen ganz natürlich von den Lippen. Sie rechnen sich zur »moral majority« und sind nicht mehr die Stillen im Land, sondern ziemlich lautstark, wenn es sich um Pornographie, Verhütungsmittel, Abtreibung, Drogenmißbrauch und Disziplinlosigkeit in der Schule handelt. Sie haben Methoden gefunden, den sozialen Konservatismus, die amerikanischen Kleinstadtwerte, politisch zu organisieren. Ihr Sammelbecken ist die Republikanische Partei. Sie sind gegen den gottlosen Kommunismus und dessen Handlanger, die großen Zeitungen der Liberalen. Sie leisten Widerstand gegen eine Rechtsprechung, die mehr dem Verbrecher als dem vom Verbrechen betroffenen Bürger zu helfen versucht. Sie sind für Gott, Vaterland, Militär, Reagan und die Werte der Familie. Die jüngeren Jahrgänge dieser Bewegung haben das Wunder vollbracht, liberale, großstädtische Gedanken noch eindeutiger abzulehnen als die Älteren.

Es bestehen starke Ähnlichkeiten zwischen der fundamentalistischen Welle der zwanziger Jahre und der heutigen. Die letztere enthält jedoch bemerkenswerte neue Elemente. Die Abgrenzung gegen Juden, Farbige und Katholiken ist mindestens in der Theorie überholt. Die Leute aus dem Bibelgürtel schließen sich nicht mehr ab, sie wollen keine Isolation, sondern gehen Allianzen in einer multirassischen, multikulturellen Landschaft ein. Das Symbol der weißen, protestantischen »Festung Amerika« als Rückhalt in einer gottlosen Welt hat an Bedeutung eingebüßt. Der Wille, missionarisch in die Weltläufe einzugreifen, breitet sich aus – ob er im Laufe der Zeit auch außenpolitisch wirksam wird, ist eine Sache der Spekulation. Die fundamentalistische Bewegung sei nicht viel mehr als ein Amalgam aus Nostalgie und Anachronismus, verkünden die Politologen. Die Politiker aller Richtungen allerdings mustern mit begehrlichen Augen das Potential an Wählerstimmen, Geld und Enthusiasmus, das in den Stoßtrupps der »Neuen Rechten« steckt. Ronald Reagan macht einen strikt limitierten Gebrauch davon, aber wer weiß, wen oder was er nach sich zieht.

Die Übertragung religiöser Vorstellungen auf die Außenpolitik ist den Amerikanern nicht fremd. All ihre großen sozialen Bewegungen, einschließlich des Feminismus und des Kampfes um Rassengleichheit und Bürgerrechte, entsprangen dem Schoß der Kirchen. Statt der Revolution bevorzugt Amerika die religiöse Erweckung. Es ist ein Land der Propheten, nicht der Philosophen.

Wenn die Frage »Verläßt uns Amerika?« berechtigt ist, dann vielleicht mit dem Blick auf die neuen, unwahrscheinlichen Allianzen, die sich im gläubigen Untergrund Amerikas zusammenbrauen. Die fundamentalistische Bewegung hat im Europa der Glaubenskriege ihren Ursprung. In der Neuen Welt durchlief sie einen Verpuppungsprozeß. Nun scheint sie mit Virulenz aus ihrem Kokon zu brechen. Ihre Mullahs sind kräftig am Werk. Wahlschlappen wie die vom November 1986 spornen sie nur an. Die Völkerwanderung in den noch freien westlichen Raum schreckt sie nicht, sondern erscheint ihnen als Aufforderung, zu evangelisieren.

Vor zehn Jahren führte der Erweckungsprediger Reverend Jones eine große Gemeinde von Gläubigen aller Rassen und Armutsklassen aus den Slums von San Francisco und Los Angeles ins Dschungel-Paradies von Guayana. Die Errichtung einer urchristlichen Kommune war das Ziel. Die Methoden waren unbarmherzig. Als die Heimatbehörden einigen dunklen Vorfällen nachspürten, ließ der Reverend einen angereisten Kongreß-Abgeordneten töten und beging Selbstmord – gemeinsam mit fast tausend Frauen, Männern und Kindern. Das scheint auf den ersten Blick kein gutes Beispiel für die Möglichkeiten zu sein, die in der »moral majority« schlummern. Schon deshalb nicht, weil das Eheleben des Reverend Jones dem eines Sultans aus tausendundeiner Nacht glich. Doch ist die Erinnerung an ihn nicht unangebracht. Sein Fall ist typisch für die amerikanische Fähigkeit, in breiten Schichten extreme Kräfte des Glaubens zu mobilisieren. Europa kennt dagegen nur noch Skepsis.

CIP-Kurztitelaufnahme der Deutschen Bibliothek

Zahn, Peter von:
Verlässt uns Amerika? / Peter von Zahn. –
Berlin; Frankfurt/Main: Ullstein, 1987.
ISBN 3-550-07626-6